傳統與詮釋

唐玄宗御注《道德经》心解

柳东华 柴洪源 沈玉娇 著

四川大学出版社
SICHUAN UNIVERSITY PRESS

图书在版编目（CIP）数据

唐玄宗御注《道德经》心解 / 柳东华，柴洪源，沈
玉娇著 . — 2 版 . — 成都：四川大学出版社，2024.4
（传统与诠释）
ISBN 978-7-5690-6567-1

Ⅰ．①唐… Ⅱ．①柳… ②柴… ③沈… Ⅲ．①《道德
经》—研究 Ⅳ．① B223.15

中国国家版本馆 CIP 数据核字（2024）第 051384 号

书　　名：唐玄宗御注《道德经》心解
　　　　　Tang Xuanzong Yuzhu《Daodejing》Xinjie
著　　者：柳东华　柴洪源　沈玉娇
丛 书 名：传统与诠释

出 版 人：侯宏虹
总 策 划：张宏辉
丛书策划：张宏辉　张宇琛
选题策划：张宇琛
责任编辑：张宇琛
责任校对：毛张琳
装帧设计：张丽斌
责任印制：王　炜

出版发行：四川大学出版社有限责任公司
　　　　　地址：成都市一环路南一段 24 号（610065）
　　　　　电话：（028）85408311（发行部）、85400276（总编室）
　　　　　电子邮箱：scupress@vip.163.com
　　　　　网址：https://press.scu.edu.cn
印前制作：四川胜翔数码印务设计有限公司
印刷装订：四川煤田地质制图印务有限责任公司

成品尺寸：170 mm×240 mm
印　　张：12.75
插　　页：2
字　　数：221 千字

版　　次：2021 年 11 月 第 1 版
　　　　　2024 年 5 月 第 2 版
印　　次：2024 年 5 月 第 1 次印刷
定　　价：75.00 元

本社图书如有印装质量问题，请联系发行部调换

扫码获取数字资源

四川大学出版社
微信公众号

谨以小书

——献给李大华教授、詹石窗教授

序 言

　　秦汉以来，历代为《道德经》作注之人难计其数，每位注者都有自己所要面对的问题，解注也都带有各自的目的性，但大家有一个相同点，那就是都想要从这部文字不多的经典中找寻解决自己问题的答案。然而，各人所处的时代、身份、地位是如此不同，其问题又如此多样，如何能够满足这些需求呢？这要从《道德经》的特殊性质去说。它的文字虽然不多，却是一部能持自然观、社会观、人生观囊括其中的经典，是一部自然法的宣示。可是，自然法不是拿来就能读懂的，所以需要解释，而解释既是在理解经典本身，也是在应对解释者自己的问题。而且，这部经典的表达方式也十分特别，大多采用隐喻的方式，一语双关，一语多义，有时候说的是一个自然事物，指的却是人的问题；有时候表达的是一个现象，暗指的则是人的品德；有时候说的是天地，对应的其实是人的身体。如此，对它的解释就有了更为多元的性质。无论在哪个意义上讲，《道德经》注定有不断解释的需要。在诸多的解释者中，也有一众帝王，诸如唐玄宗、宋徽宗、明太祖、清世祖等。帝王解《道德经》，这合乎情理，老子这本书本来就是大幅篇章讲国家、社会治理的，只是他们各自面临的社会历史情形不尽相同，故而解经也各有自己的路数和倾向，不管他们是否真能懂得其中的玄奥，他们都是有这个需求的。如果他们能够从其中"拾得一些珠玑"，于国于民也都是有益的。由于帝王执"天下神器"，他们的认知、得失，皆事关江山社稷、万民福祸，故此，研究这些帝王的思想，包括他们对于《道德经》的理解，无疑是很有意义的。

　　柳东华、柴洪源、沈玉娇三位年轻学者合作研究唐玄宗御注《道德经》的思

想，一方面是其道家思想研究的专业需要，毕竟在众多解释《道德经》的人物中，唐玄宗占有一席之地，是一个不可忽略的对象；另一方面也是他们对于这样一位创造了大唐帝国的鼎盛与辉煌而又晚节不保的君主，有某种特殊的兴趣，对于他思想的研究，具有政治哲学上的历史意义和学术意义。与一般的历史和思想史的研究不同，从《御注道德经》和《御注道德真经疏》的角度来展开关于唐玄宗思想的研究有一个长处，那就是从其思想的细微之处见其政治行为，从观念世界看他的社会举措。当这两个方面连贯起来的时候，就能在其治国平天下的事件中找到思想的根源。这既有助于理解《道德经》的原始之义，也有益于对道家思想的社会实践和历史进程的认知。然而，唐玄宗既注解过《道德经》，又注解过《孝经》和《心经》，他的多方涉猎以及儒释道通观的视野，也对研究者的学识和视野提出了要求。三位年轻学者的著作既以"心解"自称，也就包含了一个态度，在文献检校与参阅的基础上突出自己对此的心得和体悟。常言道，学贵于得。从研究对象的思想过程中提炼自己的思维能力，既是练就做学术的功夫，也是学海拾贝，获得见识和觉悟。

书既写成，即将出版，乐为之序。

李大华

2021 年 5 月 1 日

目 录

唐玄宗御注道德真经序①

　　昔在元圣，强著玄言，权舆真宗，启迪来裔。遗文诚在，精义颇乖。撮其指归，虽蜀严而犹病。摘其章句，自河公而或略。其余浸微，固不足数。则我玄元妙旨，岂其将坠？朕诚寡薄，尝感斯文，猥承有后之庆，恐失无为之理，每因清宴，辄扣玄关，随所意得，遂为笺注，岂成一家之说，但备遗阙之文。今兹绝笔，是询于众公卿、臣庶、道释二门，有能起予，类于卜商针疾，同于左氏渴于纳善。朕所虚怀，苟副斯言，必加厚赏。且如谀臣自圣，幸非此流，悬市相矜，亦云小道，既其不讳，咸可直言，勿为来者所嗤，以重朕之不德。

---

　　① 唐玄宗为《道德经》作注时题为《御注道德真经》，正统《道藏》收录时题为《唐玄宗御注道德真经》。为便于统一行文，本书中除本序外，"道德真经"一律略为"道德经"。

《道经》上①

道可道章第一

道可道，非常道；名可名，非常名。

道者，虚极之妙用。名者，物得之所称。用可于物，故云可道。名生于用，故云可名。应用且无方，则非常于一道。物殊而名异，故非常于一名。是则强名曰道，而道常无名也。

无名，天地之始；有名，万物之母。

无名者，妙本[1]也。妙本见气，权舆天地，天地资始，故云无名。有名者，应用也，应用匠成，茂养万物，物得其养，故有名也。

常无欲，以观其妙；常有欲，以观其徼。

人生而静，天之性。感物而动，性之欲。若常守清静，解心释神，返照正性[2]，则观乎妙本矣。若不正性，其情逐欲而动，性失于欲、迷乎道，原欲观妙本，则见边徼矣。

此两者同出而异名。

如上两者，皆本于道，故云同也。动出应用，随用立名，则名异矣。

---

① 原书分《道经》上、《道经》下、《德经》上、《德经》下四卷，本书从之。

同谓之玄。

出则名异，同则谓玄。玄，深妙也。

玄之又玄，众妙之门。

意[3]因不生，则同乎玄妙。犹恐执玄为滞，不至兼忘。故寄又玄以遗[4]玄。示明无欲于无欲，能如此者，万法由之而自出。故云：众妙之门。

注释

[1]"妙本"在《唐玄宗御注〈道德经〉》（后简称"御注"）中占据着极其重要的位置，有些观点甚至认为唐玄宗用"妙本"取代了"道"的绝对性。程卫平在其硕士学位论文中对历年研究唐玄宗老学思想的论文和专著进行了简单梳理，其中提到了麦谷邦夫的观点。麦谷邦夫认为，唐玄宗以"妙本"取代了"道"的绝对性。① 在接下来的章节，我们将逐步梳理"妙本"的涵义。

[2]"正性"，佛学常用语，与"圣性"相同，与"凡性"相对。在《御注》中等同于"道性"，指人天生就有的自然和柔之性。

[3]唐玄宗有以重玄学解老的特征，也有以佛解老的特征。"意"为佛学中的"六根"（眼、耳、鼻、舌、身、意）之一，是念虑之根。

[4]河北易县老子道德经幢唐碑"遗"字作"遣"，于义似较长。见《唐明皇御注道德经》，中央编译出版社，2013年版，第4页。

心解

唐玄宗的"御注"是几位帝王注本中哲学意味较强的，尤其带有唐时重玄学的痕迹，这从第一章的注解中就能看出。

关于"道""常道""名""常名"，唐玄宗对此没有做创新性的解释。"道"与"虚极"的关系对应至"物"与"妙用"上，就衍生出了"名"或"可名"的关系，大致来说，主要就是从"道"的有无、"物"的普遍与特殊之角度讲开去。能

---

① 程卫平：《唐玄宗老学思想研究——以〈道德真经〉注疏为中心》，西藏民族学院硕士学位论文，2010年，第5页。参见〔日〕麦谷邦夫著、朱越利译：《唐玄宗〈道德真经〉注疏中的"妙本"》，《世界宗教研究》，1990年第2期，第84页。

勉强命名、然则无实名的"道"究竟是什么？唐玄宗对此的解释牵涉整个"御注"中的一个重要概念——"妙本"。那么，"妙本"与"道"的关系是怎样的呢？

河上公本将"无名，天地之始"这句话直接解释为"无名就是道"①，王弼本则由"无名""有名"之辩展开对万物之始、之母的论述，点出"道"即一切开始的地方②；唐玄宗解释说"无名为妙本"，而后对该段的解释却没有出现一个"道"字。从本章注文来看，"妙本"与"道"似乎是两个东西。无名为"妙本"，"妙本"中有气，天地由此资生，万物自此茂养。"妙本"在这一层面就成了"有"。由此，注文进一步从自然深化至人自身。人的"静"与"天"之本性相应，往上追溯则为气、为"妙本"所给予，如此之后，能否再往上追溯至"道"？

很明显，注文对"静""性""动""欲"关系的解释受到了佛教的影响，另外，也可将此处与河上公本进行对照理解。在河上公处，"欲"与"世俗之趣"相对应，若想观道，则需无欲③。河上公的观点在唐玄宗处可见影响，二者都强调要守心之清净、不逐欲；不同之处在于，玄宗关注的解心及释神又带有佛教理论的影子，这可看作时代思想背景的影响；此外，河上公本明白写着是为了"道"，玄宗注本中则是"见妙本"，再往后看，唐玄宗说，以上皆出于"道"，那是否可以说，"妙本"不等同于"道"？有论者认为，唐玄宗在整个理论体系中主动放弃了"道"的本原位置，而以"妙本"取代之。但梳理前后文可发现，这应该仅是玄宗为"道"寻找的一个代名词，无名谓道，"妙本"者道也，"妙本"即为道也。至于唐玄宗为什么要在原有行文中加入"妙本"，而不统一使用"道"这一名词，他并未对此详加解释。

注文最后又涉及一个问题，与河上公本注重修养的特色有异曲同工之妙。前文已讲清源头及生成问题，最后落在实处即是修养的关键，此处带有厚重的重玄学思想痕迹。此处注解承接上文的"解心释神"，返照本性是为了"观妙本及道"的玄妙之处。但做到了这一步仍然不够，因易"执玄为滞"，陷入表面的追求而无法通达道的真正层面。因此唐玄宗关注的是，要将这追求玄妙的"无欲"也遣去，万法才能由此彰显，这一点与佛教的修习法门相近。

① 《老子道德经河上公章句》，王卡点校，中华书局，1993年，第1～2页。
② 《老子道德经注校释》，王弼注，楼宇烈校释，中华书局，2008年，第1页。
③ 《老子道德经河上公章句》，王卡点校，中华书局，1993年，第2页。

天下皆知章第二

天下皆知美之为美，斯恶已；皆知善之为善，斯不善已。

美善者生于欲心，心苟所欲，虽恶而美善矣。故云皆知以己之所美为美、所善为善矣。美善无主，俱是妄情[1]，皆由封执有无，分别难易、神奇、臭腐以相倾夺。大圣较量，深知虚妄，故云恶已。

故有无之相生，难易之相成，长短之相形，高下之相倾，音声之相和，前后之相随。

六者相违[2]，递为名称，亦如美恶，非自性生，是由妄情有此多故。

是以圣人处无为之事，行不言之教。

无为之事，无事也，寄以事名，故云处。不言之教，忘言也，寄以教名，故云行也。

万物作而不辞，

令万物各自得其动作，而不辞谢于圣人也。

生而不有，为而不恃，功成不居。

令万物各遂其生，不为己有，各得所为，而不负恃。如此即太平之功成矣。犹当日慎一日，不敢宁居也。

夫唯不居，是以不去。

夫唯不敢宁居而增修其德者，则忘功而功存。故不居而不去也。

注释

[1] "妄情"，佛学常用语，指脱离真实的认识和见解。

[2] "违"字，唐碑作"连"，于义似较长。

心解

本章注文主要论述了"妄情"及"功成不居"两个方面的问题，二者为递进关系，若做到不妄情，则万事万物随自性而生。另，使万事万物达到此状况的圣人不应居功，不居功而能久居。

唐玄宗对此章的注解依然具有佛道交融的特色，由"妄情""虚妄"等词可见一斑。人心生欲望，所以以自己所认之美为美，以自己所认之善为善，如此便易生倾夺。此处涉及"自性"与"自生"的概念问题。"自性"即玄宗在上一章所说之天地秉承自"妙本"之"性"，与人之"静"相应；而"自生"则相当于由"欲"而起的"动"，即"妄情"——不真实的见解。那么，如何才能拥有真知真见？佛教说见其本心，玄宗在此提倡恢复"自性"，说到底，是要从"自发"过渡到"自觉"的状态，使得万事万物得其本来之动作和面目，非执于"玄妙"而无法见真知。

本章注释与王弼注本有相近之处。王弼认为自然皆已备足，毋须过多作为，过则伪。[①] 这种"自然皆备"的说法与唐玄宗之"自性已足"较为相近。然而最后三句的释义，玄宗注则与河上公注相似。河上公注本开《道德经》讲论理身之道之先河，然同样注重理国之道，可谓兼具身国同治理论之典范。玄宗亦于理身理国理论皆有关注。

行"无为之事""不言之教"的圣人，功成而不居，如此可得太平，若进一步增益其德行，就能实践上文提到的修养之法，遣去功德则功德长存。这里的圣人其实可以理解为人君行圣人之治。如若人君能做到"各遂其生、不为己有"，那么百姓因其自治而天下得以安宁太平。倘若人君此时自恃其功，认为百姓安宁皆出其身，居功则功去；此时人君若能更进一步修养其德行，就不会因自恃己见而产生虚妄，功成而长治久安。

唐玄宗本章论述兼具佛道思想的身国同治理论，修身的同时也在治国。其与河上公本的区别在于，河上公本强调了功成则退避不居其位，态度十分明确，不居位则福德不去。玄宗并非重去位，而仅指不"宁居"，不以居此位为理所当然，

---

① 《老子道德经注校释》，王弼注，楼宇烈校释，中华书局，2008 年，第 6 页。

提出于此位修养德行，继续治身治国。需注意的是，唐玄宗的治国理论是否如注文所说佛道兼备？后文亦有不少涉及处，从中可看出，其中还掺杂了佛道以外的思想。

不尚贤章第三

不尚贤，使民不争。

尚贤则有迹，徇迹则争兴。使贤不肖，各当其分，则不争矣。

不贵难得之货，使民不为盗。

难得之货，谓性分所无者，求不可得[1]，故云难得。夫不安本分，希效所无，既失性分，宁非盗窃？欲使物任其性、事称其能，则难得之货不贵、性命之情不为盗矣。

不见可欲，使心不乱。

既无尚贤之迹，不求难得之货，是无可见之欲，而心不惑乱也。

是以圣人之治虚其心，

心不为可欲所乱，则虚矣。

实其腹，

道德内充，则无秵[2]徇[3]，亦如属厌[4]而止，不生贪求。

弱其志，

心虚则志弱。

强其骨。

腹实则骨强。

常使民无知无欲，

常使民无争尚之知、无贪求之欲也。

使夫知者不敢为也。

清静化人，尽无知欲，适有知者，令不敢为也。

为无为，则无不治矣。

于为无为，人得其性，则淳化有孚^[5]矣。

注释

[1]"不可得"，佛学常用语，指无论怎样寻求，都不可得。佛家认为一切诸法没有固定的形态，若层层推察寻求之，皆不可得。

[2] 此处之"矜"可理解为自矜、自恃。

[3]"徇"可理解为营求，谋求。

[4]"属厌"可作"饱足"之意。

[5]"孚"，信也。

心解

本章注文于理身与理国均有涉及。关于理身，唐玄宗主张心不为欲所制宰而不惑乱，以道德充实内心，弱志强骨。关于理国，其大致理论如下：不尚贤，不贵难得之货。但归结来说，理身与理国是不可分的，从某种程度上说，理身即理国。

"不尚贤"此处的真实落脚点并非不注重贤良之臣，尚贤则有迹可循。但由王弼第二章注解可见，喜怒同根，是非同门①，因此尚贤会导致不贤，若产生纷争则贤良亦不保。对此，唐玄宗以为，应使贤和不肖各在其位。可以看出，唐玄宗在此问题上并不是不推崇"贤"，而是要使他们各安其位，从而实现不争。

"不贵难得之货"，做到这点需要明了的是"不可得"。唐玄宗在此处又运用了佛教思想，万事万物究其根本没有固定不变的形态，故有不可得之苦。只要明白其自然之性分，守自己的本分，那么即使求难得之货，若分中当有，亦不能算作"盗"。以上两点的中心都在于"心""性""情"，只要守此，则能不乱。

---

① 《老子道德经注校释》，王弼注，楼宇烈校释，中华书局，2008年，第6页。

因此，唐玄宗说，圣人之治首要在于虚其心，进而弱其志、强其骨，最终恢复自性。人君治国，若做到使百姓无争、无贪求之欲，人得以恢复其本性，就可以得淳化了。需要注意的是，唐玄宗并非完全反对知，"知"是可以的，"贤"与"不肖"是必要的，只是要让"有知"者不敢为不可为之事，各安其位、其本分即可。

道冲章第四

道冲而用之，或似不盈，

言道动出冲和之气，而用生成。有生成之道，曾不盈满。云或似者，于道不敢正言。

渊兮，似万物之宗。

渊，深静也。道常生物而不盈满，妙本渊兮深静，故似为万物宗主。

挫其锐，解其纷，

道以冲和，故能抑止铦利，释散纷扰。若俗学求复，则弥结矣。

和其光，同其尘。

道无不在，所在常无。在光在尘，皆与为一。一光尘尔，而妙本非光尘也。

湛兮似或存，

和光同尘，而妙本不杂，故湛兮似有所存。

吾不知其谁之子，象帝之先。

吾不知道所从生，明道非生法，故无父。明道非生法，故无父。道者，似在乎帝[1]先尔。帝者，生物之主。象，似也。

注释

[1]"帝"，河上公注为"天帝"①，王弼亦然，玄宗此处注为"生物之主"。

---

① 《老子道德经河上公章句》，王卡点校，中华书局，1993 年，第 15 页。

心解

第一章中已经提过，玄宗注中体现了宇宙生成论体系的第二个环节，当然这要在"妙本即道"的基础上进行讲述，这一章的注文进一步佐证了这一判断。

注文中说"道动出冲和之气"，我们认为，此处的"冲和之气"与第一章注文"妙本见气，权舆天地"之"气"相同，冲和之气动而生成天地。下文注又提到"妙本"是万物宗主，"道"既已是万物宗主，那么"妙本"和"道"就应该是同一个东西，否则逻辑上无法自圆其说。

唐玄宗没有对"冲"做详细解释，河上公注认为"冲即中也"①，白玉蟾对该句的解释仅有两个字"虚中"②，但依上下注文，可以推断出冲和之气柔和、中且深静，故生物不盈满并能抑制锐利。但"道"究竟是什么？这是本章注文的中心问题。第一句没有给出答案，只说"道"无常名，只可近似地说其是什么，像什么。然而"道"真正是什么？不可知。此处或也可从侧面印证"道"和"妙本"的关系，于"道"之奇妙的生成作用无法正言，于是玄宗造出"妙本"一词予以赞誉，"本"为万事万物的本原，"妙"则贴合"道"幽深玄静的特点，所谓"玄之又玄，众妙之门"。

唐玄宗"御注"整体来说还有一个特点，即带有一定的思辨色彩，这是其"重玄"思想背景的深刻体现。他对"和其光，同其尘"的解释很有意思。他说，"道"是无处不在的，就"道"之层面而言，所在是常无的，但也是有，二者异名而同出；"道"在光也在尘中，皆可看为一，但其实说一也可，说多也可；一光尘而已，一"道"而已，既"道"又非"道"，因此"妙本"非光尘。"妙本"是寂静渊深的"道"，当然不是一光尘，但不可否认的是，"妙本"就在这一光尘中。一花一草一木当然不是那茂养万物的"道"，不是"妙本"，但一花一草一木折射出来的就是"道"本身。此处用佛教的思想来解释玄宗注也并无不可。最后两句其实又回到"道"本身言说，渊兮、湛兮，纯厚、深静，可以长存。故白玉蟾对此句的注为"存神于无"③，其从修行角度认为，存神于无而可以长存。

---

① 《老子道德经河上公章句》，王卡点校，中华书局，1993 年，第 14 页。
② 《钦定四库全书·子部·道德宝章》，第 5 页。
③ 《钦定四库全书·子部·道德宝章》，第 5 页。

《道经》 上

唐玄宗对最后一句的注文又一次回答了"道是什么"这一问题。前文对"道"的特点做了解释，最后言明，吾不知"道"从何所生，但似乎先于生物之主。此处"生物之主"作何解？从前文可以看出，"道"不是直接跨越至"生物"的，无名者"妙本"，"妙本"见气，可知"妙本"与万物之间有气为中介，冲和之气流行作用乃有天地。虽然不知"道"为何物及从哪里来，但可以明确的是"道"无所生，如此则点明了"道"为万物之源的身份。

天地章第五

天地不仁，以万物为刍狗；圣人不仁，以百姓为刍狗。

不仁者，不为仁恩也。刍狗者，结刍为狗也。犬以守御，则有蔽盖之恩，今刍狗徒有狗形而无警吠之用，故无情于仁爱也，言天地视人亦如人视刍狗，无贵望尔。尝试论之曰，夫至仁无亲，孰为兼爱？爱则不至，适是偏私，不独亲其亲，则天下皆亲矣，不独子其子，则天下皆子矣。是则至仁之无亲，乃至亲也，岂兼爱[1]乎？

天地之间，其犹橐籥乎？

橐者，鞴[2]也。籥者，笛也。橐之鼓风，笛之运吹，皆以虚而无心，故能动而有应，则天地之间生物无私者，亦以虚而无心故也。

虚而不屈，动而愈出。

橐籥虚之而不屈挠，动之而愈出声，以况圣人，心无偏爱则无屈挠之时，应用不穷，可谓动而愈出也。

多言数穷，不如守中。

多言而不酬，故数被穷屈，兼爱则难遍，便致怨憎，故不如抱守中和，自然皆足。

注释

[1] 注文中的"兼爱"与儒家提倡的仁爱以及墨家的"兼爱"都不尽相同，需据文意具体分析。

[2]"鞴"，音备，古代的鼓风吹火器。

心解

本章注文主要关注的是"兼爱"以及"自然中和"的问题，兼爱则易有偏私，不如自然守中。若要理解《道德经》中的"不仁"，需要明白儒家、墨家相关理论的不同之处。首先，对于"不仁"的注文，李荣较众家更为细致，总结来说就是人应保持对于结草为狗并用于祭祀场合的这种"不仁"之心，用时不带喜好之心，弃时不带憎恶之心。玄宗注则就"兼爱"这一话题对"天地不仁"和"圣人不仁"进行了论述。

注文一开始就对"不仁"下了定义，"不仁"即不施仁恩。玄宗注对"刍狗"的解释很清晰，王弼本对"刍狗"的解释与众版本有较大出入。"刍狗"应是祭祀中用草结成的狗，王弼本却直接按照字意将其释为地上生的草①。唐玄宗由其引申出的对"兼爱"的论述颇有意味，他对"兼爱"的理解与儒家和墨家不同。唐玄宗说，至仁则无亲，爱若无法遍及即为偏爱，若不偏爱，则天下皆亲、天下皆子。儒家所说的仁爱实为玄宗所言之偏爱；而墨家之"兼爱"虽然提倡平等无差，但始终会陷入"做作"，失之自然。"至仁无亲"实现了思想和做法上的无差别，如此才能达到"至爱"。唐玄宗在此处提出了一个问题："兼爱"能达到吗？

因此就涉及"兼爱"论题的关键——虚中，即自然中和。上章注文尽管提到"冲和之气"，但并未进一步说明，此处用橐、籥运行的原理来点明何为"虚而无心"，只有做到了虚其心，才能守中无私，动而有应。白玉蟾对此处修行之法的解释颇为独到。他认为"天地不仁"是无心，"以万物为刍狗"就是任自然②，这种以天地之心为己心的做法可以达到无差别的境界，在这样的基础上加以运用，就能够不衰不竭。因此唐玄宗认为，有所作为的兼爱痕迹过重，只需任其"自然"即可。可以延展之处在于：唐玄宗是反对普通意义上之"兼爱"的，但若修心而对万事万物一致对待，无所偏私，那么就实现了道家意义上的"兼爱"。

若从理身角度延伸开来，人君若想治理好国家，让国家运行通畅有序，动而

---

① 《老子道德经注校释》，王弼注，楼宇烈校释，中华书局，2008年，第13页。
② 《钦定四库全书·子部·道德宝章》，第5~6页。

有应，就要做到以百姓心为其心。要对百姓施行仁政而不应有所废弛，若有所偏好则会导致发展失衡，如此则仁爱不仁矣。因此，无论是修身还是治理国家，最终都要回到修心的层面，返照本性，认识到万事万物、百姓之心究其根柢与我心并无二致，如此方能实现大治。

谷神章第六

谷神不死，

谷者，虚而能应者也。神者，妙而不测者也。[1] 死者，休息也。谷之应声，莫知所以，有感则应，其应如神，如神之应，曾不休息，欲明至道虚而生物，妙用难名，故举谷神以为喻说。

是谓玄牝，

玄，深也。牝，母也。谷神应物，冲用无方，深妙不穷，能母万物，故寄谷神玄牝之号，将明大道生畜之功。

玄牝之门，是谓天地根。

深妙虚牝，能母万物，万物由出，是谓之门。天地有形，故资禀为根本矣。

绵绵若存，用之不勤。

虚牝之用，绵绵微妙，应用若存，其用无心，故不勤劳矣。

注释

[1] 关于"谷神"，唐玄宗与河上公均将两个字拆开来进行说明，但二者解释的角度不同；王弼和白玉蟾则将之当作一个词来理解。尽管解释不同，但终归都离不开一个"空"字。

心解

本章注文以谷神、玄牝为喻，旨在说明道生化万物的玄妙作用。道化生万物、玄妙不已，我们无法为之确切命名，也无法描摹其形状，只能勉强名之，以譬喻的手法对其进行说明。"妙本"便是如此。如前文所说，"妙本"和"道"的关系是贯穿"御注"全书的重要问题，玄宗以"妙本"代道、说明道，确实平添了许多理解上的曲折。

唐玄宗将"谷神"二字拆开理解，讲出了两方面的特征——中空能应与妙而难测，这也就是"至道"的两个重要方面，这两个特征也能对应上章橐、籥的功能。其实也可用上章的八个字来解释——"虚而不屈，动而愈出"。唐玄宗此处对于"死"的解释与其他版本注有较大出入，一般将"死"理解为生死的"死"，唐玄宗则认为其是"休息"之意。然而按照上下文的意思，"休息"的状态更适合以橐、籥作喻，而在"谷神"作喻的状态下，应更适合于说无生死。无生死且生蓄万物，故言谷神乃玄牝也。玄牝即天地之门、万物之根，自然便是无法言说之道。此外还要注意，《道德经》中选作譬喻的象征物是有层级分别的，橐、籥明显比谷神低一个级别，因此运用于不同层次的描述语应有所区别。

从唐玄宗对本章最后一句的解释，可看出他从河上公注处所受的影响。最后，修养的法门被总结为"无心"，凭借其便可达到"有感则应，其应如神"，无有生死泯灭的境界。至道生蓄，其心若虚且视万物为刍狗；同时，万事万物秉承这根本之资，也该如这至道之本般"用之不勤"。"勤"与常理上的"勤劳"不同，并非指辛勤劳作。道生养万物尽管无所作为，但自始至终顺应万物，以此心谅彼心，所以老子的"不勤"、唐玄宗的"不勤劳"应理解为不过多作为。

"无心""空"作为名词理解起来很简单，做起来却很难，因此道家所言无为不是一种消极的处世方式，玄宗注最后仅用"不勤劳"来释义并不完全准确。河上公注此处主要从"用气"展开，因此用不勤劳来释义较为容易理解①。但从"无心"到"不勤劳"还是无法一步跨越，既无心，何言不勤劳？关于"无心"，单看唐玄宗或王弼注是无法真正理解的，若想从理国的角度进行解释，可以多参看帝王注和政者注；若想从理身角度进行探究，可参看河上公本、白玉蟾本等，尤其是白玉蟾本，总结出了惟心无为之意②，念头动处即是心，若动心止念，便

① 《老子道德经河上公章句》，王卡点校，中华书局，1993年，第22页。
② 《钦定四库全书·子部·道德宝章》，第6页。

《道经》 上

做到了无心。

天长地久章第七

天长地久。

标天地长久者，欲明无私无心则能长能久，结喻成义，在乎圣人，后身外身，无私成私尔。

天地所以能长且久者，以其不自生，故能长生。

天地生物，德用甚多，而能长且久者，以其资禀于道，不自矜其生成之功故尔。

是以圣人后其身而身先，外其身而身存。

后身则人乐推，故身先；外身则心忘淡泊，故身存。

非以其无私邪？故能成其私。

天地忘生养之功，是无私。而能长且久，是成其私。圣人后外其身，是无私。而能先能存，是成其私也。

心解

上一章以谷神、玄牝喻道，显示深妙的化养之功，道因其化用无心而长存不断，本章注文则大致围绕"自私"与"无私"来展开论述。天之所以能长能久在于其无私，不自矜其生蓄之功，这是承接"大道"之品德。再往下一个层级说开去，将天地这秉承于"道"之德流化世间在于圣人，即所谓"结喻成义"。按照逻辑，本章为第三层级的叙述，即从圣人层面进行讲述。

圣人顺承天地，无私无心，唐玄宗以为，此义体现于圣人乃"后身外身"，此即无私反而能成就一己之私的缘由。刘一明联系前后章注释，即按照"道—天地—圣人"的传递顺序，贯穿其中的逻辑即道之遍布流行。在王弼注与河上公注中，此章的关键词有"争"与"夺"，对应的是"无私"的反面；世人若夺人自与，汲汲于名利，则易失其长久。较以上三家，玄宗注的突出点在于"结喻成义"，体现了三家之长。如是从上至下的"道"之流行，天地忘其生养之功，圣人忘其身则身存。本章的观点总结来就是"无私能成就己私"，这句话如何理解？

在了解玄宗观点前，可以先来看看河上公与白玉蟾注对"无私""己私"关系的阐述。河上公从圣人和百姓的角度出发，圣人后其身则获天下尊崇，反而身先；外其身则百姓爱之而身存。① 若能做到这两点，则百姓尊敬、神明护佑。白玉蟾注贯穿了一个"通"字，此心同道，仅此一个心，别无他物，道同心长存。同时天地亦与我同根同源，推出的结论为天地即我，我即天地。② 而在白玉蟾处，道与心最讲求"虚"与"无"，无私或无心即是道，无私方能成就自我，从而与天地大道同体。可见在本章，河上公注重理身之道，白玉蟾则注重理身，玄宗则综合了两家之长。圣人身先是因为人乐推，身长存乃因心淡泊之外身导致，此观点兼具了理国与理身的道理。

唐玄宗注此处的亮点为"乐"字，圣人、君王若能做到让百姓"乐"推的程度，那便是成功的。相比于河上公注的"敬之爱之"③，唐玄宗的"乐之"似乎更胜一筹。人君若想让百姓畏惧，很容易就能做到；若是令百姓心存敬意，则难度递增；若是想得到百姓之爱，就需要尊敬与信任的情感。但若是想令百姓处于"乐"的状态，则需要相当高的治理水平，这需要社会物质及精神层面的双重发展。"乐之"是人内心自觉意识的体现，"敬之""爱之"是对相关事件的反应与回馈，而"乐之"则是自我的主动选择，代表着人自我意识的觉醒。

上善若水章第八

上善若水。

将明至人^[1]上善^[2]之功，故举水性几道之喻。

---

①《老子道德经河上公章句》，王卡点校，中华书局，1993 年，第 26 页。
②《钦定四库全书·子部·道德宝章》，第 6 页。
③《老子道德经河上公章句》，王卡点校，中华书局，1993 年，第 26 页。

《道经》 上

水善利万物而不争，处众人之所恶，故几于道。

几，近也。

居善地，

上善之人，处身柔弱。亦如水之居地，润益一切。地以卑用，水好下流。

心善渊，

用心深静，亦如水之渊停矣。

与善仁，

施与合乎至仁，亦如水之滋润品物也。

言善信，

发言信实，亦如水之行险不失其信矣。

政善治，

从政善治，亦如水之洗涤群物，令其清静矣。

事善能，

于事善能因任，亦如水性方圆随器，不滞于物矣。

动善时。

物感而应，不失其时，亦如水之春泮冬凝矣。

夫惟不争，故无尤。

上善之人，虚心顺物，如彼水性，壅止决流，既不违忤于物，故无尤过之地。

注释

［1］"至人"即圣人。见《庄子·逍遥游》："至人无己，神人无功，圣人无名。"① 又见《庄子·外物》："唯至人乃能游于世而不僻，顺人而不失己。"②

［2］多家注并未对"上善"进行特别解释，而刘一明本有之。其解"上善"

① 曹础基：《庄子浅注》，中华书局，2000 年，第 7 页。
② 曹础基：《庄子浅注》，中华书局，2000 年，第 412 页。

为不争，上善就是上德①。可结合此本来理解唐玄宗注。

心解

本章注文延续上一章的叙述逻辑，进一步言明圣人之功。唐玄宗注中的"至人"可理解为圣人。刘一明注认为本章的要义在于"不争"②，此不争秉承了大道及天地的性情。笔者认为本章要义可总结为"顺"，本章经注同样采用了譬喻的手法来说明至人之功，以水德喻人德，"顺"字兼顾了水之特征及至人之德。

唐玄宗说，至人之德与水性几乎相近，二者的共同点在于不争，即顺，乐处恶境与卑下之地，几近于道。接下来的注文沿着至人理身、理国再至处世的脉络推至无尤的境地。"上善之人，处身柔弱"，上善之人懂得居安思危，即使身居高地依然保持卑下，如此而能通达，如同水润万物，关键还是在一个"顺"字。此时的理身依然重在治心，治心要如水之渊停，渊停意为深沉宁静。此章以水性喻圣人之德，绝妙也。水的宁静不露之质非常适合来形容心。白玉蟾注就提到，"心善渊"的关键是有所养③，即玄宗所谓"用心深静"。

处身柔弱和用心深静之后，唐玄宗又提到"至人"之德的其他五点。"至仁"的意思是施予无分彼此，如水之过境，皆有遍及，关键在于心之深静与"不仁"，不仁即至仁。"水之行险"和"不失信"之间的联系在于可以预见的结局。水堵塞终会通达，水结冰终会融化，这里有个时间——问题，同时也为"言信实"设了限。从出言人至收言人，有个时间槛，从侧面说明了修心的重要性，"信实"不仅指施信之人，也指接受之人。若心不信而提前离去，那么即使水滴能石穿也是枉然。白玉蟾对此句的注释为"真实"④，对此，我们要用心去相信、体验。

后三点讲论"政""物""事"方面的内容，即理国之道。为政者善能因任，不凝滞于物，则人与物皆瞬时顺势而应动。虚己，不与人物相争，如水般顺流导势，则无过矣。本章注最后一句牵涉另一个重要概念——不过、不满，也是过渡至下一章的关键词。

―――――――――

① 《道德经会义》（卷一），素朴散人悟元子注，嘉庆八年榆中栖云山藏板，第15页。
② 《道德经会义》（卷一），素朴散人悟元子注，嘉庆八年榆中栖云山藏板，第15～16页。
③ 《钦定四库全书·子部·道德宝章》，第6页。
④ 《钦定四库全书·子部·道德宝章》，第6页。

《道经》上

持而盈之章第九

持而盈之，不如其已。

执持盈满，使不倾失，积财为累，悔吝必生。故不如其已。已，止也。

揣而锐之，不可长保。

揣度锐利，进取荣名，富贵必骄，坐招殃咎，故不可长保。

金玉满堂，莫之能守。

此明盈难久持也。

富贵而骄，自遗其咎。

此明锐不可揣[1]也。骄犹心生，故咎，非他与。[2]

功成名遂身退，天之道。

功成名遂者，当退身以辞盛，亦如天道，虚盈有时，则无忧患矣。

注释

[1]"揣"，揣击。

[2]此处还可断为"骄犹心生，故咎非他与"。

心解

接上章"故无尤过之地"，本章进而讨论"过"之危害。随着帛书版《道德经》的出土，我们对《道德经》的原始版本有了更为深入的认识。至于《庄子》一书，却一直没有更早的出土文献，有些问题遗留至今，比如《庄子》的篇幅问题，哪些是庄子本人所作？篇章顺序如何确定？对此笔者认为，我们可以通过篇章之间的逻辑连贯性来判断，《道德经》的展开方式是前后顺承、环环相扣，这样的论证逻辑在《庄子》中同样存在，可据此来为《庄子》定序分篇。

上章提到"至人"要如水般顺流导势，本章则集中讲述了盈满所导致的后果，具体逻辑如下：前三句言盈满的几种表现及后果，第四句点明原因，最后一句则予以方法论上的劝告。心执持盈满，使不倾倒，殊不知在积累钱财的过程中必然会心生悔吝，如此则不如停止。追逐荣华名利必会招致殃灾，此亦不可长久保持。因此玄宗解说满盈之度难以自持，锐利之锋也难以量度。盈满、锐利之心不可有，恐致骄妄，原因无他，自心而起矣。因此唐玄宗认为，人之进退应如天盈虚有时，方不会招致无穷无尽的祸患。

刘一明总结本章的重点在于"功成、名遂、身退"六字①，要在心与天道合一。玄宗注文与刘一明注相近，逻辑分为两层。其一，盈满和揣度之心不可取，若心生怨、妄，则烦忧纷至沓来，因此不如适时退下。有揣度锐利之心比随意追逐好，然上佳之行为乃是连揣度锐利之心都无，虚心才是大道。对此白玉蟾的解释十分清楚，他认为人要放下身心、潜心勿用，如此即使身陷窘境，依然可以淡然处之。富贵不可永保，名利不可久持，只有清风明月，人生方有退路。

载营魄章第十

载营魄抱一，能无离乎？

人生始化曰魄[1]，既生曰魂[2]。魄则阴虚，魂则阳满，言人载虚魄，常须营护复阳，阳气充魄则为魂，魂能运动，则生全矣。一者，不杂也。复阳全生，不可染杂，故令抱守淳一，能无离身乎？

专气致柔，能如婴儿乎？

专一冲气，使致和柔，能如婴儿，无所分别。

涤除玄览，能无疵乎？

玄览，心照也。疵，瑕病也。涤除心照，使令清净，能无瑕病。

---

① 《道德经会义》（卷一），素朴散人悟元子注，嘉庆八年榆中栖云山藏板，第17～18页。

爱民治国，能无为乎？

爱养万人，临理国政，能无为乎？当自化矣。自上营魄，皆教修身，身修则德全，故可为君矣。

天门开阖，能为雌乎？

天门[3]，历数所从出。开阖，谓治乱。言人君应期受命，能守雌静，则可以永终天禄矣。又解云：《易》曰"一阖一辟谓之变"[4]，言圣人抚运，应变无常，不以雄成，而守雌牝，亦如天门开阖，亏盈而益谦也。

明白四达，能无知乎？

人君能为雌静，则万姓乐推其德，明白如日四照[5]，犹须忘功不宰，故云能无知乎。

生之畜之，生而不有，为而不恃，长而不宰，是谓玄德。

令物各遂其生而畜养之，遂生而不以为有，修为而不恃其功，居长而不为主宰，人君能如此者，是谓深玄之德矣。

注释

[1] "魄"，《说文》释为阴神。宋徽宗注释为阴，属形体类①，对应原句中的"营"。

[2] "魂"，《说文》中释为阳气。宋徽宗注释为阳，魂依托气而运行。② 二者的关系从修行的角度看，需抱神载魄。

[3] "天门"，河上公注中为"北极紫微宫"，"北极"和"紫微"是道教文化中的重要概念。《道教大辞典》中解释说，天有四极，北方的称为北极，由北极紫微大帝主之，也是天子之居所。③《中华道教大辞典》中解释道，北极又名北极星，共五星，皆在紫微宫内，居天之中枢。④ 王弼将"天门"解为天下之原来由所，宋常星及白玉蟾则解为心。

① 高专诚：《御注老子》，山西古籍出版社，2003 年，第 55 页。
② 高专诚：《御注老子》，山西古籍出版社，2003 年，第 55 页。
③ 李叔还编纂：《道教大辞典》，浙江古籍出版社，1987 年，第 138 页。
④ 胡孚琛主编：《中华道教大辞典》，中国社会科学出版社，1995 年，第 800 页。

[4]"一阖一辟谓之变"出自《易·系辞上》，意为一闭一开（的交感勾联）叫作变化。①

[5]"四达"，《中华道教大辞典》中释为"修道者可以通达的四事"②，或修道者可以达到的四种境界。唐玄宗解释为"日照四达"，与《礼记》中的用法相似，指方位上的通达。

心解

本章承接上章的"功成、名遂、身退"，针对人的层面展开叙述，从人之初化至修身、治国、理天下的境界，为理解"身国同治"理论的关键章节。

修身有两大要点，即一和全，与道同性，因此终需返本归真。人最初生化为魄，为物，为阴。"魄"与身相关，相继而生的是"魂"，与"魄"相反；"魂"与精神和心相关，属性为阳。唐玄宗首段注文是集合了修身和哲学两大元素。道教认为魂魄而后有人。玄宗注云：人常载虚魄，唯有复阳，充体，魂魄互为，魂气流动，方能带动人之生成、运全。

"阳气冲魄则为魂"，魄与魂相互成全的原因在道教典籍中有所解释。魏伯阳的《周易参同契》说魂魄互为室宅，《内经》云魂魄本不相离。③玄宗对"营魄无离乎"的解释与上同，其间逻辑是魄冲阳气成魂后二者才为一，宋徽宗、李荣及苏辙等也持此观点。道教经典中也有其他看法，魂魄间亦有高下之分。《吕祖全书·元神识神第二》中说古人出世不过是炼尽阴滓而返乾元，即消魄全魂法，最终要去魄而全阳；《性命圭旨》中提到，圣人和众人的区别就在于魂高还是魄高。④本书中仍作形神不离，即魂魄一体来理解。

复阳全生后为一，冲气以致柔和，即前文所提到的中和，按照前述逻辑，此处之气应从"妙本"中出，当然，"妙本"与"道"之间的关系仍未清晰给出。唐玄宗对此句没有做特别的解释，其他版本注提到最多的是婴儿无是非、好恶之

① 黄寿祺、张善文：《周易译注》，上海古籍出版社，2001年，第556页。
② 胡孚琛主编：《中华道教大辞典》，中国社会科学出版社，1995年，第471页。
③ 胡孚琛主编：《中华道教大辞典》，中国社会科学出版社，1995年，第1222页。
④ 胡孚琛主编：《中华道教大辞典》，中国社会科学出版社，1995年，第1222页。

《道经》上

分，与玄宗之"无分别"无二致。王弼注文是无欲①，白玉蟾本认为婴儿的状态是"混然一片"②，我们认为这一表述更加确切。要复归"道"的本原，就要做到照涤心境，复归清净、无分别的状态。其后三句玄宗主要从理国的角度进行阐述，从修身过渡到治国。

人君治国应从修身始，做到无为、守雌静。无为而治就要顺运守静，如前文所说水之结冰、融化，皆有运数，人君若能明开阖之理，明盈亏皆有时，则能令事令物顺化自为。即使至此欣欣向荣之境界，仍需记住，万物究其根本乃是自生自长，切不可居功自大，如此方可长久。

三十辐章第十一

三十辐共一毂，当其无，有车之用。

此明有无功用相资而立。三十辐者，明造车也。共一毂者，因言少总众。夫辕箱之有，共则成车，车中空无，乃可运用，若无辕箱之有，亦无所用之车，车中若不空无，则辕箱之有，皆为弃物。

埏埴以为器，当其无，有器之用。

埏，和也。埴，土也。陶匠和土为瓦缶之器。

凿户牖以为室，当其无，有室之用。

古者陶穴以为室宇，亦开户牖，故云凿尔。

故有之以为利，无之以为用。

有体利无，以无为利，无体用有，以有为用。且形而上者曰道，形而下者曰器，将明至道之用，约形质以彰，故借粗有之利无，以明妙无[1]之用有尔。

① 《老子道德经注校释》，王弼注，楼宇烈校释，中华书局，2008 年，第 36 页。
② 《钦定四库全书·子部·道德宝章》，第 7 页。

注释

[1]"妙无",此处需注意其与"妙本"有何不同。

心解

如果说前文是从大的层面说有无互用,那么此章就是举特例来说明"有无""体用"在具体层面的运用。在人的层面,有无要如何合理运用?此章尽管侧重有无相通,但最终的关键词依然是"无",因"道"之虚无。据此逻辑,则需对上文的总结有进一步言说。

本章延续了说理的风格,依然是列举特例来说明道之虚无与妙用。唐玄宗注从第一句就做了说明——当明白"有无"之功用是相互资用的。如造车时,三十辐共一毂,辐为车轮中连接车毂和轮圈的直木,毂为车轮中间的空洞。若无连接用的直木,车不成其形也;若无可插入轴承的毂,则车无法运行起来。因此,车因其有而存,因其无而行,有无相成。玄宗此处又多加一例,进一步说明,车厢之有在其形,箱中之空而成其运,有无相辅。又如制作瓦缶之器,器内有了空虚的空间,才有器物的作用。再如屋宇的建造,其他几个注本如河上公、王弼、宋徽宗等均无大出入,唐玄宗和宋常星注则与之有些许不同。玄宗注提到,即使是以陶穴为居的古人也要凿户牖以为用,从最基本的层面说明了因室之空虚才有其用。宋常星不仅追溯至"室"的最原始时代,还将房屋构造与人体构造相对照,如耳目也可说成是人之户牖,因其空虚,人体之实方才得以运行、流通。① 可以说,宋常星注本在此处的解释较之于玄宗注要更胜一筹,关注到了修身的有无层面。

最后一句综合来看就是在说有无相利,但"无"字才是根本。此处玄宗注的突出之处在于将中国哲学中几组经常被讨论的词语放在了一起进行总结,如"有无""体用"及"道器"。刘一明本为此处作诗,其中有"有形本是利无形,无在有中用最灵"一句。因此对本章的理解以"无"为中心,如此一来若承接上文的逻辑,出现的问题则是——魂比魄的作用大。

---

① 宋常星:《太上道德经讲义》,《藏外道书》(第一册),巴蜀书社,1994年,第775页。

《道经》 上

上文肯定魂魄相依，认为二者合为"淳一"后才能身全德全。然而按照本章的逻辑，尽管有无相利，但若无车轴、器皿和屋宇的虚空，一切"有"都将不复存在。同样道理，若无魂之复阳，魄也仅仅是虚魄，仅是形之虚壳。所以从玄宗注的前后逻辑来看，他应是赞成魂重于魄的。魂之阳充魄之虚形，正如人体的耳、鼻使得气体通流全身，是无成就了有。因此要明白的是，"至道之用，约形质以彰"，大道的体用要表现在具体层面，在天地、在圣人层面得以显用，而物之生成、人之修养又要以无为本，复心之本来空无。《道德经》中关于"道"之流转的叙述逻辑层层密密、清楚明了，对于此点，唐玄宗注算是抓住了精义所在。

五色章第十二

五色令人目盲，五音令人耳聋，五味令人口爽，

目悦青黄[1]之观，耳耽宫徵之音，口燕[2]刍豢之味，伤当过分，则坐令形骸聋盲。

驰骋田猎令人心发狂，

驰骋代[3]务，耽着有为，如彼田猎，唯求杀获，日以心斗，逐境奔驰，静而思之，是发狂病。

难得之货令人行妨。

性分所无，求亦不得，妄求难得，故令道行有所妨伤也。

是以圣人为腹不为目，故去彼取此。

取此舍受[4]之腹，去彼妄视之目。

注释

[1]"青黄"，色彩的通称。

[2]"燕"同"宴"，宴享。见《诗·小雅·鹿鸣》："嘉宾式宴以敖。"

[3]"代"，唐玄宗注中的"代"字大多为避讳唐太宗李世民之"世"。

[4]"含受"对应的是腹之虚空的特征。

心解

此章讲述"心空",唐玄宗注本中没有相关的转折点,但宋常星注本体现了此点。宋常星本认为,人有形骸,便有此心,心作为本体,以虚空为务。^① 对照宋常星本我们可以看到,唐玄宗本章论述的就是"心空",同时,其注文又深受河上公注本影响。最后,此章还有一个特点,即以佛解道,如"求亦不得,妄求难得"句,宋常星本亦是如此,直接以寻六根之清净来解本章的最后一句。^②

上章主要强调无为有体,同时也说明了有的重要之处,至于为什么不以有为本体,此章做了详细说明。唐玄宗将"五色、五音、五味"三个词组替换为"青黄、宫徵、刍豢",若过分追求对这三类事物的享受,就会丧失形体,进而导致更为严重的后果。

玄宗第二句注承接上章,讨论执着于"有"的坏处。如若执着于田猎,一心追求杀夺取获,那么心也会沉浸在成日的奔逐之中而难以宁静,玄宗谓此"发狂"。河上公解此乃缘于精神散失,王弼则认为这是不顺人之性命而伤及自然性的后果。

人之性命、精神本为虚空,若一味求有,只会妨碍本性之显现,阻碍大道之流行。玄宗此处的解释为,本分中所没有的东西是求不到的,妄求则更加难得。人之所以去求"有",乃是受制于魄和形骸的存在,要复阳得全,需抱守"道"之清净、淳一。若求之非法,则会加速现有之失去。玄宗此处注具有较强的佛家意味。

最后一句是解决之法,玄宗注与河上公本相差不大,大意就是说要摒弃人对形骸、外在之"有"的追求,集中于对"无"的修养,具体是用"妄视之目"喻"有","含受之腹"喻"无"。刘一明对此章的解释也十分有特色,其较唐玄宗注更加深入,指明了养腹的原因所在,腹养气且为主。^③ 这也是前文反复言说的一个道理——魂主魄宾,无主有宾。

① 宋常星:《太上道德经讲义》,《藏外道书》(第一册),巴蜀书社,1994年,第775页。
② 宋常星:《太上道德经讲义》,《藏外道书》(第一册),巴蜀书社,1994年,第776页。
③ 《道德经会义》(卷一),素朴散人悟元子注,嘉庆八年榆中栖云山藏板,第21~22页。

宠辱章第十三

宠辱若惊，

操之则栗[1]，舍[2]之则悲，未忘宠辱，故皆惊也。

贵大患若身。

身为患本。贵，矜贵其身，即如贵大患矣。此合云贵身如贵大患，而乃云贵大患如身者，欲明起心贵身即是大患，有贵即身是大患，故云贵大患如身。若，如也。此上两句正标。

何谓宠辱？宠为下，

前标宠辱如惊，恐人不了，故问何谓宠辱。夫得宠骄盈，无不生祸，是知宠为辱本，故答云宠为下矣。

得之若惊，失之若惊，是谓宠辱若惊。

宠辱循环，宠为辱本，凡情惑滞，惊辱而不惊宠，故圣人戒云，汝之得宠当如汝得辱而惊，则汝之失宠得辱，亦如吾戒汝得宠而惊惧也。故结云是谓宠辱若惊。

何谓贵大患若身？

恐人不晓即身是患本，故问之。

吾所以有大患者，为吾有身，

身相虚幻，本无真实。[3]为患本者，以吾执有其身，痛痒寒温，故为身患。

及吾无身，吾有何患？

能知天地委和，皆非我有，离形去智，了身非身，同于大通，夫有何患？

故贵以身为天下，若可寄天下；爱以身为天下，若可托天下。

此章首标宠辱之戒，后以寄托结成者，宠辱若惊，未忘宠辱，贵爱以为未忘贵爱。故以辱校宠，则辱不如宠；以贵方爱，则贵不如爱。惊宠辱者尚有宠辱介怀，存贵爱者未为兼忘天下。故初则使惊宠如辱，后欲令宠辱俱忘。假寄托之近名，辩兼忘之极致，忘宠辱则无所复惊，忘身则无为患本，忘天下则无寄托之近名。

注释

[1]"栗"，因恐惧而发抖。

[2]"身相虚幻，本无真实"，此解释佛学意味浓烈。若依道家之言，道之本无为虚空，"虚幻"及"真实"乃佛学常用语。

心解

此章承接上文做进一步解释，前文提到，人之所以求"有"，乃是受制于魄之有及形骸的存在，此章对此做了更多注解。本章叙述逻辑如下：人所以生惊惧之心，在于其身，因此忘身则无患矣。既然人之本性宁静而自然，那为何还会因向外追逐而发狂？此问好比中国哲学里的经典问题：既然人心本善，为何还会生发恶？一种说法是，人易被后天习气遮蔽善之本源，因此学习就是为了去伪存真。依玄宗注文，此处说法应为：人心本承道而空虚清净，一旦忘记了身存或"有"这一祸患，就会导致道行上的偏差。

本章可分两段，分别解释"宠辱若惊"与"贵大患若身"，最后一句则是方法论上的总结，我们认为，唐玄宗此段逻辑没有其他注本清晰。他认为，人之所以难以做到宠辱若惊，在于拥有和失去时都太过在意，动了"操"和"舍"的心念。在这种情况下，得到宠爱会惊惧，因害怕失去；获得耻辱时也会惊惧，因为这"辱"是因失宠而来。玄宗对"宠为下"的解释是，宠是升起祸患的根本，因此骄宠必会令人蒙受耻辱，须知宠辱是循环往复的。

唐玄宗说，但凡人蒙受困惑或情感凝滞时，必是欢喜宠爱而厌恶耻辱的，这是内心不清明的结果。所谓身相虚幻，本无真实，如果人执着于身体的"有"，则会惊惧于寒来暑往、生老病死，心困于身体牢笼之中。因此玄宗认为，身相皆是虚无，皆是幻境，以有来追寻无，如何可得？

所以如想免去祸患，必须做到"忘"。唐玄宗此处注文的佛教意味也较为浓

厚，如"了身非身"，即须懂得此身非我身，非我有，才能真正放下这身的执着，去追求"道"之本无。另外，注文的总结部分也体现了重玄学"双遣"的观点。

如前文所说，要像惊惧耻辱那样惊惧宠爱，因为宠辱实为一体，有宠爱失去的一天，也有由耻辱而迎来宠爱的一天。然而这终究不是根本之法，此层意思玄宗第一句就已言明——未忘宠辱，故皆惊也，惊惧之心亦不可取，皆因未忘所致也。上上之法在于连宠辱之心也忘却，忘宠辱而无宠辱，忘身则无身之大患，君主忘却对天下之爱，则可以得天下，不刻意为之而有大为。

视之不见章第十四

视之不见名曰夷，

此明道也。夷[1]，平易也。道非色，故视不可见。以其于无色之中，而能色焉，故名曰夷。

听之不闻名曰希，

希者，声之微也。道非声，故听之不闻，以其于无声之中，独能和焉，故名曰希。

搏之不得名曰微。

搏，执持也。微，妙也。道无形，故执持不得，以其于无形之中，而能形焉，故名曰微。

此三者不可致诘，故复混而为一。

三者将以诘[2]道，道非声、色、形法，故诘不可得，但得夷、希、微尔，道非夷、希、微，故复混而为一。

其上不曒，其下不昧，

在上者必明，在下者必昧。唯道于上非上，在上亦不明；于下非下，在下亦不昧也。

绳绳不可名，复归于无物，

绳绳者，运动不绝之意。不皦不昧，运动无穷，生物之功，名目不得，非物能物，故常生物而未始有物，妙本[3]湛然，故云复归于无物。

是谓无状之状、无物之象，是谓惚恍。

是谓无形状之状，无物质之象，不可名有，不可名无，无有难名，故谓之惚恍。

迎之不见其首，随之不见其后。

无始，故迎之不见其首；无终，故随之不见其后。

执古之道以御今之有，

执古无为之道，以御今有为之事，则还返淳朴矣。

能知古始，是谓道纪。

能知古始所行，是谓道化之纪纲。

注释

[1] 关于"夷"的解释，几个注本有所不同。"夷"，平坦意，《道德经》第五十三章有云："大道甚夷，民甚好径。"河上公本直言：无色曰夷。① 刘一明则说，道无色则甚夷隐，② 他将无色和夷的相同点用同一个词表示，可见其妙。

[2] "诘"，"问"之意，追问。

[3] 此处又出现了"妙本"。此处"妙本"与"湛然"联用，形容无物的状态。

心解

唐玄宗在上一章最后一句的注文里，再次说明了"兼忘"或"双遣"的修身方法，《道德经》全文至此，逻辑层层相扣，此章似又是一个总结之处。上一章说明了执有之祸患，此章则进一步强调无的重要性以及如何去把握的问题。本章

① 《老子道德经河上公章句》，王卡点校，中华书局，1993年，第52页。
② 《道德经会义》（卷一），素朴散人悟元子注，嘉庆八年榆中栖云山藏板，第24页。

叙述先破后立，进一步说明道之本质，是进一步把握"道"和"妙本"之间微妙关系的关键。

以夷、希、微三者来诘问道，最终是无法得"道"的，道是混然一团的，自自然然，自为顺化，若强分一为三，得到的就只能是分开的夷、希、微，而并非真正的道。接下来对道之整体性、道之一做强化说明。正因为道一以贯之，因此无论在上还是在下，皆是其本性的体现。随后三句总结道的特征：运动不绝、无形无状、无始无终。玄宗所注"妙本湛然""惚恍"及"不见其首，不见其后"，皆是对道之"混""一"的描述。另外，此处"妙本"指代的就是"道"，道以无声生有声，无形生有形，皆为"妙"也。至此，可以得出结论：在玄宗注中，"妙本"相当于"道"。至于玄宗为何要新造一个词汇，我们意以为是"道"不可言说，既是强名，不免勉强，不若"妙本"可以更为方便地语其生成之奇妙。

本章方法论可以总结为四个字——以古执今。古今之所以相印，就在于道的"混"及"一"，大化流行，无声无息，绵绵不绝。万事万物追本溯源也只是一个"道"，若想执取今之若干道，只需回到本原去了解那个不变亦万变的"道"即可。

古之善为士章第十五

古之善为士者，微妙玄通，深不可识。

士，事也。言古之善以道为事者，于彼微言妙道，无不玄鉴通照，而德容深邃，不可识知。

夫唯不可识，故强为之容。

夫唯德量难识，故强为容状以明之，谓下文。

豫若冬涉川，

豫，闲豫也。善士于代闲[1]法，如涉冬川，众人贪著，故畏惧。今我不染，故闲豫也。

犹若畏四邻，

犹豫，疑难也。上言善士不染，故闲豫。及观行事，甚疑难。如今代人惧邻戒。

俨若客，涣若冰将释，

虽则俨然若客，无所造为，而不凝滞于物，涣然若春冰之释散也。

敦兮其若朴，

虽涣然冰释，曾不自矜，而能敦厚若质朴，无所分别。

旷兮其若谷，

其德量，旷然宽广，无所含容，若彼空谷。

浑兮其若浊。

和光混迹，若浊而清。

孰能浊以静之徐清？

孰，谁也。谁能于彼浑浊，以静澄止之，令徐自清乎？

孰能安以久动之徐生？

谁能安静于此清以久，更求胜法，运动修行，令清静之性不滞于法而徐动出也。生，犹动出也。

保此道者不欲盈，

欲保此徐清徐生之道，当须无所执滞，若执清求生，是谓盈满，将失此道，故云不欲盈。

夫唯不盈，故能弊不新成。

夫唯不盈满之人，故能以新证之行为弊薄，不以其新成而滞着也。

注释

[1]"闲"，疑当为"閒"，于义为长。《绝学无忧章第二十》"众人皆有以"一句，注文作"众人于代间，皆有所以逐境俗学之意"，是为证。

心解

上章讲述的是道的基本特征以及循道之法，其关键在于以古执今，即以道御法。但这仅仅是抛出了一个引子，如何在人的修行层面上做到此点？行文中第一次提到"善为士者"，唐玄宗理解为善以道为事之人。那么古之善士在以古执今上与今世之人有什么区别？他们如何修"道"之形态上的混然如一？此章的逻辑注重说明如何修"相"。需做补充的是，河上公将"善为士者"解为得道之君①，这较其他几个注本有所不同。究竟哪个更合适，可能看完玄宗注就有了答案。

唐玄宗注将"士"解为"事"，进一步翻译即道之事，他将"士"理解为事物性质词，其他几个版本基本是人物名称词，我们以为直接理解为人物名称词更加合适。玄宗注此处突出了善士的"德"，特点是不可知、不可识，因此只能够勉强形容之，从此段的写法很容易就可理出善士与"道"的关系，善士的"德容""德量"如"大道"般无法言说、无法认识。《庄子》中有则故事，讲述了列子之老师壶子显象的故事，其中的道理与本章同，即清净之本象似道。

玄宗在解释善人具体特征方面与其他注本有较大出入，集中体现在"豫""犹"二字上。河上公本将"豫"解为慎重②，王弼本则解释为"欲度，若不欲度"③。我们认为此处"豫"不能简单理解为"犹豫"，或许用举重若轻来形容比较合适，由此来看，河上公本的"重慎"也是恰当的。玄宗将善士和众人进行比较，将"豫"解释为"闲豫"，与之后的"畏惧"相对，并将"犹"理解为疑难，取犹疑犯难之意。我们以为比较之法有新意，可起突出作用，因上章提到以古执今，那么此章将善士与今之世人作比较，条清理顺。其次，我们以为玄宗关于"豫"的理解不甚恰当，联系上下文，为善士列举的三种情况分别是如冬涉川、若畏四邻以及若冰将释，旨在说明一种将动不动、不欲盈之状态。照此逻辑，河上公及王弼的注文尚算恰当，而玄宗则偏重于解释"不染"，如此则可理解他为什么将善士的特征解释为"不自矜、不凝滞、无所分别"，因它们皆是淳净一体、不染杂的延伸。

---

① 《老子道德经河上公章句》，王卡点校，中华书局，1993 年，第 57 页。
② 《老子道德经河上公章句》，王卡点校，中华书局，1993 年，第 58 页。
③ 《老子道德经注校释》，王弼注，楼宇烈校释，中华书局，2008 年，第 33 页。

此章后半段可用三个字来总结——不欲盈。玄宗注文基本贴近原文，与其他版本无太大出入。"御注"的"双遣"之法在此处也十分明显，河上公本和王弼本均无。

为何要强调不欲盈？唐玄宗认为，只有不欲盈之人才不会有所凝滞，才能不断处于徐徐而生的状态，不欲盈不仅仅是不执于旧弊，而是连当下不断的新成也无有凝滞，如此才能做到真正意义上的以古执今。可以说，玄宗此处的"重玄"解法很精彩，读之有酣畅淋漓之感。

致虚极章第十六

致虚极，守静笃，

虚极者，妙本[1]也。言人受生，皆禀虚极妙本，及形有受纳，则妙本离散，今欲令虚极妙本必致于身，当须绝弃尘境染滞，守此雌静笃厚，则虚极之道自致于身也。

万物并作，吾以观其复。

老君云，何以知守雌静则能致虚极乎？但观万物动作云为，及其归复，常在于静，故知尔。

夫物芸芸，各复归其根。

又云所以知万物归复常在于静者，为物花叶芸芸，生性皆复归于其根本，故有作。云云者，动作也。言夫物云云动作者，及其归复，皆在根本尔。

归根曰静，静曰复命。

花叶云云者，生性归根，则静止矣。人能归根至静，可谓复所禀之性命[2]。

复命曰常，知常曰明，

守静复命，可谓有常。知守常者，更益明了。

不知常，妄作，凶。

"不恒其德，或承之羞"[3]，失常妄作，穷凶必至矣。

知常容，

知守真常，则心境虚静，如彼空谷，无不含容。

容乃公，

含容应物，应物无心，既无私邪，故为公正。

公乃王，

能公正无私者，则为物所归往。

王乃天，

群物乐推，如天之覆，则与天合德。

天乃道，

王德如天，乃能行道。

道乃久。

道行天下，乃可以久享福祚矣。

殁身不殆。

同天行道，则终殁其身，长无危殆之事矣。

注释

[1] 此处"妙本"意为虚极，虚极则为道，可以说直到第十六章注，玄宗才将"妙本"与"道"之间的关系对等得明明白白。

[2] 唐玄宗将此处"命"解为"性命"，与王弼本近同，河上公本理解为生死之命。①

[3] "不恒其德，或承之羞"，出自《周易·恒·爻辞》。承，《说文》"奉也"，谓奉进，此处犹言"施加"；羞，羞辱。此句大意是：不能恒久保持美德，

---

① 《老子道德经河上公章句》，王卡点校，中华书局，1993 年，第 63 页。

时或有人施加羞辱。①

心解

上章讲述了善士与道相似之德，此章则可以看作对此问题的解答，答案即本章的关键句——致虚极，守静笃。章节逻辑大致如下：先复述人与虚极之间的关系，如何守静笃，以及守静笃之后的效用。

一直存在于前十五章的一个问题至此有了答案，这也是唐玄宗本区别于其他注本的一点，即"妙本"与"道"之间的确切关系。本章开篇即"虚极者，妙本也"，而《道可道章第一》开篇为"道者，虚极之妙用"，同时"道"是勉强为虚极所起的名，因此虚极乃"妙本"，"妙本"亦是道也。玄宗将人与虚极之关系释为"受生"，意为人由虚极（"妙本"、道）而生，一旦得形体，虚无之"妙本"就会离散，因此人之自我修为就是要致虚极，如此才能寻得本真。至于为何形有受纳，则"妙本"离散？《宠辱章第十三》注文云，人贵身则受身"有"的限制，对应至本章，人需守静笃以归无。再对应至《载营魄章第十》，人之始化曰魄，魄为形体属性；因此魄生人则进入形有受纳之阶段，人需复阳返真，即回归"妙本"。所以玄宗注中的"当须绝弃尘境染滞，守此雌静笃厚"亦可表述为复阳全生，魄则为阳。

接下来三句是举例论证"致虚极，守静笃"之常，万物皆最终复归于其根本，归根即守静，静则是回到万事万物本来之状态。此处玄宗将"复命"理解为恢复所秉承之性命，即虚极（"妙本"、道）之静。河上公此处注意指生死之命，复命即不死②，王弼注与玄宗大致相同。我们认为，此处唐玄宗的思路更为合适，河上公本亦无不可，从修身炼养角度去解释亦通。既然"致虚极，守静笃"是为常，常守常明即正道也。"不恒其德，或承之羞"，此句出自《周易》，玄宗以此作注极为巧妙，形容人心不虚静而动摇，衔接上下句之意。最后围绕"王"字层层上升，论述了"致虚极，守静笃"的效用。注文言心境虚空则无所不包、无所不容，而因其自体虚空，故常能应心应物，如此无私公正之人自然引万物归往，

① 黄寿祺、张善文：《周易译注》，上海古籍出版社，2001年，第268页。
② 《老子道德经河上公章句》，王卡点校，中华书局，1993年，第63页。

万物归往则是为王之象征。如此其德如天之覆盖万物，德与天合，乃能行道。与道同，乃能长能久矣。

太上章第十七

太上，下知有之。

太上者，淳古之君也。下知者，臣下知上有君，尊之如天，而无施教有为之迹，故人无德而称焉。

其次，亲之誉之。

逮德下衰，君行善教。仁见，故亲之；功高，故誉之。

其次，畏之侮之。

德又下衰，君多弊政，人不堪命则驱以刑罚，故畏之。怀情相欺，明不能察，故侮之。

信不足，有不信。

畏之侮之者，皆由君信不足，故令下有不信之人。

犹其贵言。

亲之誉之者，由君有德教之言，故贵其言而亲誉之。

功成事遂，百姓谓我自然。

功成而不执，事遂而无为，百姓日用而不知，谓我自然而成遂，则"太上，下知有之"之谓也。

心解

本章关键句为"太上，下知有之"，同时也可作为《致虚极章第十六》中"容乃公，公乃王"一句注脚。太上，无所不容，应物应心，则人乐推之也。本章对上文人君的身国同治理论进一步细化讨论，最高级自然是万物皆乐而归往之君德。但由前述章节我们得知，修身修心不足则会凝滞于有，导致德行亏损。本章延此逻辑，由上至下叙述了君王德行渐次减少所对应的几种情况，最终重申了《持而盈之章第九》所阐述过的道理——功成、名遂、身退，天之道。

几个版本关于"太上"的翻译近似，均指代人君，只是名词前的修饰词略有不同。如河上公本释为"无名号之君"，宋常星本为"上古之圣君"①，王弼本有些特别，释为"大人"②，综观全章，大人之格应等同于君王。几家注都强调了一个问题，即"太上"皆知上古之君，将此"太上"与《古之善为士章第十五》中的"善士"做横向对比，可知皆指代上古淳然之人。

唐玄宗言，臣子下知上有君并尊之如天（见上一章王乃天）；同时君王无施教有为之功，故臣子皆推为"无德"之君也。玄宗此处逻辑与王弼同，皆是从君王的角度出发，上无为而下仅知有上。李荣和宋常星本则还从"下"之角度进行阐释，臣下无为，君王无需，臣下自足亦于上无所奉承，如此可称为太古君王的道治天下之法。这里我们猜测，作为君王的唐玄宗或许因其特殊身份无谓突出强调臣子的无所奉承。

淳古之君属上等，位阶往下还有两种类型。其一，臣下、百姓亲之誉之说明上之德明显可见，此为道德下衰的表现。其二，玄宗认为之所以出现臣下、百姓畏惧、欺侮君王的情况，是因为君王多行弊政。就是因为君王行德教有为之行，臣下、百姓就有亲近夸誉之行，盈满则将招致祸患；而君王信威不足则导致臣民滋生畏、侮等不信任君王之行。玄宗此处的注文依然是在偏重强调人君单方面之行为，讨论的是人君德行不满将会导致的后果。我们认为，解释此章经文原文应从"太上"及"下"两方面来进行。

宋常星注本对此章的注文解答了开篇提出的问题，为何无今之善为士者？为何无今之善为君者？唐玄宗注没有对此问题进行论述。宋常星在解释善士、圣君的历史演变时列举了上古、五帝、三王、五霸四个时代，随着太古淳朴之风渐散，圣智之德渐离，故民风渐次衰落。宋常星认为民众的亲、誉、畏、侮之行，过不在民也，在于太上之君。③唐玄宗本虽然也有类似说法，终究不算突出，作

① 宋常星：《太上道德经讲义》，《藏外道书》（第一册），巴蜀书社，1994 年，第 780 页。
② 《老子道德经注校释》，王弼注，楼宇烈校释，中华书局，2008 年，第 40 页。
③ 宋常星：《太上道德经讲义》，《藏外道书》（第一册），巴蜀书社，1994 年，第 781 页。

《道经》 上

为君王来说，还是要强调由上及下之理。

大道废章第十八

大道废，有仁义；

浇[1]淳散朴，大道不行，曰仁与义，小成遂作。濡沫[2]生于不足，凋弊起于有为，然则圣人救代之心未尝异，而夷险之迹不得一尔。

智慧出，有大伪；

用智慧者，将立法也。法出而奸生，则有大伪矣，并窃符玺[3]，可不信然？

六亲不和，有孝慈；

父子、夫妇、兄弟，六亲也。疏戚无伦，不和也。各亲各子，有孝慈也，皆由失道，故有偏名也。

国家昏乱，有忠臣。

太平之时，上下交足，何异名乎？昏乱之日，见危致命，有忠臣矣。

注释

［1］"浇淳"还见于《庄子》及《淮南子》。《庄子·缮性》："浇淳散朴。"①《淮南子·齐俗》："浇天下之淳。"

［2］"濡沫"，语出《庄子·天运》："泉涸，鱼相与处于陆，相呴以湿，相濡以沫。"② 比喻在困境中相互扶持。

［3］"窃符玺"，可见于《庄子·胠箧》："为之符玺以信之，则并与符玺而窃之。"③

---

① 曹础基：《庄子浅注》，中华书局，2000 年，第 229 页。
② 曹础基：《庄子浅注》，中华书局，2000 年，第 216 页。
③ 曹础基：《庄子浅注》，中华书局，2000 年，第 134 页。

心解

《太上章第十七》讲述了君上有为则臣民出现亲之、誉之、畏之及侮之的行为，因此太上需要做的是功成名遂身退。此章顺承上章逻辑，论述层面扩散至社会的多个方面，点明"有为"招致祸患这一常理，因此人要守中和。从第十七章到第十八章，其实就是论述上的一个扩大化，由点及面、层层论证、重重推进。

唐玄宗注文中提到的"浇淳散朴""濡沫"及"并窃符玺"都与《庄子》有关。较之河上公本和王弼本，玄宗本章注文叙述层次较为分明。在一些词语的选用上，玄宗本和其他几个本子不太一样，我们认为在几个具体词的解释上，玄宗本稍胜一筹。如"大道废"解为浇淳散朴。首先，词出有典。其次，大道废的原因前文也提到过，即或执道，或盈满，或消散。浇淳，淳可理解为淳一，浇沃淳一之道将招致盈满，过犹不及；散朴，宋常星注本认为此为今无善士、圣君的原因之一。因此浇淳散朴均将导致大道废，大道废则小成起，有了分别，则有了仁义、忠奸的对立。这里不管是"小成"还是"浇淳散朴"，都用得恰如其分。

玄宗注文中引申的几个观点十分有趣。其一，濡沫生于不足，这也符合《庄子》的原义。相濡以沫不如相忘于江湖，此处玄宗认为之所以濡沫，是因为鱼所拥有的水不足，影射"道"之不足。其实此处不仅仅指物质上的不足，也指人的内心，间接说明了修身之不足。其二，凋弊起于有为。意思不是有为则生伪、生乱，而是凋敝或者乱、伪起于有为；我们以为按照此处的逻辑来讲，有为不一定凋敝，这样倒是更符合现实状况。

玄宗别出心裁，将下文的"智慧出"与立法奸生联系在一起，与上一章有所照应，这种照应还体现于"大伪"及"不信"二词。唐玄宗对于"六亲不和"一句的释义无甚特别，"六亲不和，有慈孝"与前文的叙述逻辑一致，玄宗认为皆由失道引起，失道故有所偏好，有所分别。最后一句玄宗注"太平之时"，即对应行大道之时，大道行则无所偏废，无异名，因为大道浑然一体、无分无别，则无所谓仁义、智慧、孝慈以及忠臣，此谓"绝圣去智"也。

绝圣弃智章第十九

绝圣弃智，民利百倍；

绝圣人言教之迹，则化无为；弃凡夫智诈之用，则人淳朴，淳朴则巧伪不作，无为则矜徇[1]不行，人抱天和，物无天枉[2]，是有百倍之利。

绝仁弃义，民复孝慈；

绝兼爱之仁，弃裁非[3]之义，则人复于大孝慈矣。

绝巧弃利，盗贼无有。

人矜偏能之巧，必有争利之心，故绝巧则人不争，弃利则人自足，足则不为盗贼矣。

此三者，以为文不足，故令有所属：

此三者但令绝弃，未示修行，故以为文不足垂教，更令有所属著，谓下文也。

见素，抱朴，少私，寡欲。

见真素，抱淳朴，少私邪，寡贪欲。

注释

[1]"矜徇"，自夸、自大、自恃意。

[2]"天枉"，"枉"此处应理解为枉费。

[3]"裁非"，裁定是非。

心解

上章结尾提到了"绝圣弃智"，此章关键词即为此。但在解释全文前需要申明，绝圣弃智并非意味着不要圣人之行、智慧之观。本章大致逻辑如下：详述三绝三弃后之益处，最后点明如何做到三绝三弃。

对比河上公本及王弼本来说，唐玄宗此章注文并无特别之处，三个版本之间主要是在具体用词方面存在差别。唐玄宗言，无为即弃绝圣人言教之痕迹，注意此处"痕迹"一词，如果未显露出痕迹，圣人之言教是否是应该有？我们以为玄宗注文即此意，言是无言，教是无为无事之教，此意也符合功成名遂身退之理。开篇也曾提到，绝不是不要圣人之行、智慧之观，而是行事、观察要秉承大道自然之理，不显露痕迹，如此万事万物自能自然顺化。因此人若执持中和之道，则天德亦不会枉费，如此则天人事事心印。

顺承上文，绝孝慈之法为去兼爱之仁，弃裁非之义。由此我们认为，唐玄宗整体上是不赞同儒家之仁爱和墨家之兼爱的，因其皆是有大为之行。玄宗下文总结道，此三绝皆是因为未示修行，因此文不足以施教。玄宗注中的"文"可理解为修饰之意，此处可综合其他几家注来理解。河上公本解以"文饰"①，宋徽宗本则更加明显，其注为"文有余而质不足"②，宋常星本与宋徽宗本同。由以上可知，"文"理解为文饰是恰当的，意思即为三绝三弃中的"圣智、仁爱、巧利"皆是对淳朴大道的修饰，文饰过多则导致道之本质散失。

玄宗总结：见真素，抱淳朴，少私邪，寡贪欲。其中"真、淳"对应的都是大道之质，"私邪、贪欲"对应人之文饰。"少""寡"两个修饰词也暗含唐玄宗并非完全不要圣人之行、智慧之观。正如功成名遂才身退，并非不追求，而是内心要持中和、致虚之道，懂得不盈满之理，才能不偏私而导致偏名。河上公本中此观点更为明显，注文曰："寡欲者，当知足也。"③ 知足，即持守中和。无为并非完全不作为，修身即为，重点在于如何为，道家并不讲求完全的"无所作为"而是有法、循德而为。

---

① 《老子道德经河上公章句》，王卡点校，中华书局，1993年，第76页。
② 高专诚：《御注老子》，山西古籍出版社，2003年，第110页。
③ 《老子道德经河上公章句》，王卡点校，中华书局，1993年，第77页。

《道经》上

《道经》下

绝学无忧章第二十

绝学无忧。

绝有为俗学，则淳朴不散，少私寡欲，故无忧也。

唯之与阿，相去几何？善之与恶，相去何若？

唯则恭应，阿则慢应，同出于口，故云相去几何。而恭应则善，慢应则恶，以喻俗学，绝之则无忧，不绝则生患，只在心识回照，岂复相去远哉？

人之所畏，不可不畏。

凡人所畏者，慢与恶也。善士所畏者，俗学与有为也。皆当绝之，故不可不畏。

荒兮，其未央哉。

若不畏绝俗学，则众生正性荒废，其未有央止之时。

众人熙熙，如享太牢，如登春台。

众人俗学有为，熙熙逐境，如临享太牢，春台望登，动生贪欲。

我独怕兮其未兆，如婴儿之未孩。

我独怕然安静，于其情欲，略无形兆，如彼婴儿，未能孩孺[1]也。

乘乘兮，若无所归。

至人无心，运动随物，无所取与，若行者之无所归。乘乘，运动貌。

众人皆有余，

耽嗜尘务，矜夸巧智，自为有余，以示光大。

而我独若遗。

常若不足，有所遗忘。

我愚人之心也哉。纯纯兮。

我岂愚人之心，遗忘若此也哉。但我心纯纯，故若遗尔。

俗人昭昭，

矜巧智也。

我独若昏；

自韬晦也。

俗人察察，

立法制也。

我独闷闷。

唯宽大也。

忽若晦，寂兮似无所止。

容貌忽然若昏晦，而心寂兮绝于俗学，似无所止着。

众人皆有以，

众人于代间，皆有所以逐境俗学之意。

我独顽似鄙。

顽者，无分别。鄙者，陋不足[2]。而心实了悟，外若不足，故云似尔。

我独异于人，

人有情欲，我无爱染，人与道反，我与道同。

而贵求食于母。

求食于母者，贵如婴儿。无营欲尔。上文云"如婴儿之未孩"，下经云"含德之厚，比于赤子"，如此所以独异于人。先无"求""于"两字，今所加也。且圣人说经，本无避讳，今代为教，则有嫌疑。畅理故义不可移，临文则句须稳便，便今存古，是所庶几。又司马迁云"老子说五千余言"，则明理诣而息言，不必以五千为定格。

注释

［1］"孩孺"，幼童意。

［2］"鄙者漏不足"，"似鄙"，笔者以为与"大智若愚""呆若木鸡"之意近同。

心解

《绝圣弃智章第十九》注文最后云，见真素，抱淳朴，少私邪，寡贪欲；前六个字对应本章之"绝学无忧"，后六字对应"食于母"。如前文所述，绝圣弃智并非不学，而是以空虚之心去修学，本章据此展开阐释了"无为之学"，无为之学则绝少忧患，因其食之于母。本章主要采用对比及层层递进式论证的方式，将俗学与无为之学做比较，说明了凡性与正性之区别；从而进一步说明正性之人的特征，最后则是对修正性之人的方法论总结。

唐玄宗将"绝学"释为"有为俗学"，虽比河上公的"绝学不真"① 要具体，然始终语焉不详，究竟什么才是有为之学，如何为之框定界限？此处需借助宋常星注来理解。宋常星认为绝学非指全然不学，应学之用以悟性命之理，阴阳之道；应该绝的是无益之学，绝学则无迷失正途之祸患。宋常星的解释是玄宗本所缺失之处。玄宗运用佛理来解释第二句，强调了修习心识的重要性。其言"唯"与"阿"皆出于口，于人之身引起的善恶皆为俗学，绝之则无旁逸的分别。弃绝的方法称为"在心识回照"，此方法也可称作反朴，回归自然本真、回到最初的状态则会发现，善恶、唯阿其实无甚分别，分别皆由心造就。

① 《老子道德经河上公章句》，王卡点校，中华书局，1993 年，第 79 页。

《道经》下

接下来的几句皆为圣人与世人、有为之学及无为之学间的对比。玄宗此处仍以佛理解老。世人熙熙、有余皆是因为其正性荒废，正性之释具见前文；此处之"我"可理解为圣人，圣人则持守正性，仿若不足且常有遗忘，"我"之情形恰如婴儿未长之时。《道德经》中第一次出现以"婴儿"为喻的地方在《载营魄章第十》："专气致柔，能如婴儿乎？"婴儿未成孩孺之时，只知吸食母乳，无善恶、喜好，身体天然柔和，恰如道之中和无状。

玄宗对于"俗人察察"的解释与众不同，察察，立法制也。河上公本释为"急且疾也"①，与下文的"闷闷""无所割断"形成对比。王弼的"分别、别析"②也可以作无所割断、浑然一体解，大体与河上公本同。宋常星释为"私智泛用"③，某种程度上与白玉蟾的"用心劳神"④类同。综合以上版本，可见玄宗对"察察"的解释是其一大特色，亦可见于《大道废章第十八》，其对"大伪"的解释亦为"将立法也"，如此前后连贯，唐玄宗的叙述逻辑便清晰可见。用智慧其实就是有为之学，其他版本注或认为是善用机巧，那么此处之"察察"可与"智慧出"相对应，自然可以解释为"立法制也"。因此，"我独闷闷"在唐玄宗的语境下自然成"宽大"之义，因为机巧不用，智慧不生，法制不立。总结来说下三句即对"心识回照"的强调，具体来讲就是心要保持寂静且用心了悟无为之学。本章玄宗注文还有一特别之处，即从文学批判的角度说明有为之学和无为之学间的区别。

河上公、王弼、苏辙、白玉蟾及宋常星本的最后一句经文与唐玄宗本不同，采"而贵食母"之义，玄宗本则为"而贵求食于母"。玄宗言，圣人说教，本无"求""于"二字，而是"而贵食母"，今世之教有影响道理畅通之嫌，为方便于今，加此二字以存老子古意。玄宗在此点明了为学尊古及"得理忘言"的主张，理比言更重要。所以不要在乎言上多了两个字，理得方可忘言、息言。

① 《老子道德经河上公章句》，王卡点校，中华书局，1993 年，第 81 页。
② 《老子道德经注校释》，王弼注，楼宇烈校释，中华书局，2008 年，第 47 页。
③ 宋常星：《太上道德经讲义》，《藏外道书》（第一册），巴蜀书社，1994 年，第 784 页。
④ 《钦定四库全书·子部·道德宝章》，第 11 页。

孔德之容章第二十一

孔德之容，唯道是从。

孔，甚也[1]。从，顺也。设问甚有德之人，容状若何，言此有德人所行，唯虚极之道是顺。

道之为物，唯恍唯惚。

此明孔德所从之道，不有不无，冲用难名，故云恍惚。

惚兮恍，其中有象；

惚，无也。恍，有也。兆见曰象，自无而降有，其中兆见一切物象。

恍兮惚，其中有物。

物者，即上道之为物也。自有而归无，还复至道，故云其中有物也。

杳兮冥，其中有精；

惚恍有无，杳冥不测，生成之用，精妙甚存。

其精甚真，其中有信。

杳冥之精，本无假杂，物感必应，应用不差，故云有信。

自古及今，其名不去，

言道自古及今，生成万物，物得道用，因用立名，生成之用，既今古是同，应用之名，故古今不去。

以阅众甫。

阅，度阅也。甫，本始也。言至道应用，度阅众物本始，各遂生成之用也。

吾何以知众甫之然哉？以此。

以此令万物皆禀道，妙用生成故尔。

注释

[1]"孔",玄宗此处释为"甚也"。孔,象形字。金文字形如小儿食乳,婴儿吃奶容易过量,因以表过甚之意。

心解

上一章唐玄宗说要达到绝学无忧,需做到心识回照,此做法称为"食母",即归道。本章围绕"道"字讲有德之人的容状、有德之人所从之道的惚兮恍兮及杳兮冥兮的特征,秉此道则万物生成。

首先,众版本对于"孔"字之理解不尽相同。河上公释为"大也"①,孔德即大德之人。王弼认为"孔"为"空"②,孔德即以空为德。比较特别的是刘一明本,其认为"孔"乃孔窍意,孔德为玄窍之德。③李荣注与玄宗注同。可将"孔"看成"甚"或"大"之意,所以孔德之容,如玄宗所解,为甚有德(或大德)之人顺从虚极之道。此句与上章之"食母"遥相呼应,绝学之人即有孔德之人,此章顺此逻辑,在形而上层面讲述大德之人(绝学之人)所顺从的道之形状,与上章的形而下讲述形成对比,合在一起即绝学之人的特征。其后顺延讲述了四个方面的特征,最后则是原因论方面的一个总结。

玄宗用"不有不无"来解释唯恍唯惚,因其难名,故称"恍惚"。此处叙述无甚新奇,此种层层剥落之解释法的难处在于,解释到最后依然可能是用一个难以解释的词来解释话语源头。因此此种叙述逻辑必须保证落实到基础层面,否则难免沦为玄之又玄。按此逻辑,恍惚过后又引入了新的解释——其中有象。玄宗解"象"为物象,即与无相对的有象,此有象代表"道"杳冥难测的生成之用,玄宗有言"生成之用,精妙甚存"。下文之"其中有信",玄宗解为物感则有应,应用无所差别。道之"信"还可见于《上善若水章第八》,道信如水塞终会泄,一切自自然然也如水之冬结春释。

最后三句讲述道之恒与变,玄宗注为"今古是同"及"妙用生成"。道的生

---

① 《老子道德经河上公章句》,王卡点校,中华书局,1993年,第86页。

② 《老子道德经注校释》,王弼注,楼宇烈校释,中华书局,2008年,第52页。

③ 《道德经会义》(卷三),素朴散人悟元子注,嘉庆八年榆中栖云山藏板,第4页。

成之用和应用之名长久存在，除了强调恒，同时也点明了道之静；而万物皆始于道则说明了道的生成之功德，即道之动，因此该处也强调了动静之统一。总结来说，即大德之人顺虚空之道，以静心体恒常之理。此处白玉蟾注最为详细，其言万物之中道最大，五行之中人最灵，如此修道之人即心即道，心与道合则心无所识也无所终也。[1]

曲则全章第二十二

曲则全，

曲己以应务[1]则全。

枉则直，

枉己以申人则直。

洼则盈，

执谦德[2]则常盈。

弊则新，

守弊薄则日新。

少则得，

抱一不离则无失。

多则惑。

有为多门则惑乱。

是以圣人抱一，为天下式。

圣人抱守淳一，故可以为天下法式。

---

① 《钦定四库全书·子部·道德宝章》，第12页。

不自见故明，

人能不自见其德，常曲己以应务，则其德全自明。

不自是故彰，

人能不自以为是，而枉己以申人，则其是直自彰矣。

不自伐故有功，

人能不自伐取，则其功归己矣。

不自矜故长。

人能长守弊薄，不自矜炫[3]，则人乐推其长。

夫唯不争，故天下莫能与之争。

不与物争，谁与争者，此言天下贤与不肖，无能与不争者争也。

古之所谓曲则全者，岂虚言哉。诚全而归之。

古有曲全之言，岂虚妄哉？实能曲者，则必全理而归之。

注释

[1]"应务"此处应解为应对世务。

[2]唐玄宗本解"洼"为"执谦德"，河上公本解为"地洼下，水流之，人谦下，德归之"①，王弼解为"不自伐"②。由此观之，三者皆含谦下之意，用词不同而已。

[3]"矜炫"，"炫"应作夸耀解，如自炫，玄宗此处直接合"矜炫"为一词。

心解

顺承前两章绝学无忧、食母及孔德之容、惟道是从之叙述脉络，形上形下之道理皆铺展开后，此章对大德之人的具体修德层面进行讲述。前两章仅从外在描述了习道时及之后的形貌与境界，并未就具体之道进行阐释；本章深入讲解，上

① 《老子道德经河上公章句》，王卡点校，中华书局，1993 年，第 90 页。
② 《老子道德经注校释》，王弼注，楼宇烈校释，中华书局，2008 年，第 55 页。

半段讲具体之道，共分为六种，下半段则是对圣人或大德之人习德之后效用的总结。

"曲则全"，玄宗的理解是曲下自己去应对世务则得全满，此处"曲"的意思其实并未解释清楚，其对"枉"的解释亦是如此。河上公本释为"曲己从众不自专"①，王弼认为是"不自见"②。综合来看，河上公本的解释较好。玄宗将"枉"释为"枉己以申人"，读罢亦有不甚清楚之感。河上公本与玄宗本关于此句的解释基本无差，王弼认为人不自是则可彰显其是，可结合王弼本对此句进行理解。总结来看，前两句就是曲己显人而最终自显之。第三句"洼则盈"的意思也需结合几个本子来看。河上公主要是根据洼字的原义来理解，盈即德归之；③ 王弼则认为是不自我矜伐④。结合河上公、王弼及李荣、宋常星等注本，唐玄宗此处的"执谦德则常盈"相对较为恰当。

"弊则新，少则得，多则惑。"用玄宗的话来说，即守鄙、抱一、寡欲则习德日新，无所祸患矣！因此玄宗总结道，人君抱守淳一即可为天下效法。查看其后四句之句式及内容，可发现这又是《道德经》中的循环、反复不断强调、解释的论述方式，这四句其实是对前六种具体道的进一步或另一种解释。人君若能做到开章所言的六种具体道，则可以功成名就。

本章的关键句为"夫唯不争"，刘一明则认为是"抱一不争"⑤。唐玄宗认为，人不争则得，即"此言天下贤与不肖，无能与不争者争也"，意即不争则没有争的说法，无分别心，就没有善恶之分、争与不争之事。真正能守曲、见枉之人，最终会得大全、大直。最后两句隐而未讲的道理是，见信则得道，而见信需修心、抱守虚极。由此来看，刘一明所提炼"抱一不争"四字，实在是妙。

① 《老子道德经河上公章句》，王卡点校，中华书局，1993 年，第 89 页。
② 《老子道德经注校释》，王弼注，楼宇烈校释，中华书局，2008 年，第 55 页。
③ 《老子道德经河上公章句》，王卡点校，中华书局，1993 年，第 90 页。
④ 《老子道德经注校释》，王弼注，楼宇烈校释，中华书局，2008 年，第 55 页。
⑤ 《道德经会义》（卷二），素朴散人悟元子注，嘉庆八年榆中栖云山藏板，第 6 页。

《道经》下

希言自然章第二十三

希言自然。

希言者，忘言也。不云忘言而云希者，明因言以诠道，不可都忘，悟道则言忘，故云希尔。若能因言悟道，不滞于言，则合自然。

飘风不终朝，骤雨不终日。

风雨飘骤，则暴卒而害物；言教执滞，则失道而生迷。

孰为此者？天地。天地尚不能久，而况于人乎？

天地至大，欲为暴卒，则伤于物，尚不能久。以况于人，执言滞教，则害于道，欲求了悟，岂可得乎？

故从事于道者，

故从事于道之人，当不执滞言教。

道者同于道，

体道者悟道忘言，则同于道矣。

德者同于德，

德者，道用之名。人能体道忘功，则其所施为同于道用矣。

失者同于失。

执言滞教，无由了悟[1]，不悟则迷道，自同于失矣。

同于道者，道亦得之；同于德者，德亦得之；同于失者，失亦得之。

方诸[2]挹[3]水，阳燧[4]引火，类族辩物[5]，断焉可知。

信不足，有不信。

执言滞教，不能了悟，是于信不足也。自同于失，失亦乐来，是有不信也。

注释

[1]"了悟",佛学用语,意为明心见性。

[2]"方诸",出自《淮南子·览冥训》,古代在月下承露取水的器具。

[3]"挹",把液体盛出来。

[4]"阳燧",用铜制作的镜状取火器具,又称"金燧""阳遂"。

[5]"类族辨物",语出《周易·同人》。《象》曰:"天与火,同人,君子以类族辨物。""与"作动词,犹"亲";"类"用作动词,犹言"类析",与"辨"字义近互文。意即天、火相亲,象征"和同于人";君子因此分析人类群体、辨别各种事物以审异求同。①

心解

绝学并非完全不学,孔德之容惟在顺从于道,延续前几章的修道和抱一不争之言,可以说大德之人近乎道。但真正的大德之人、圣人修道、绝学无忧仅是第一步,绝学之后而忘学才是真正的学。此章唐玄宗的叙述逻辑如下:忘道则合自然,因此有所执滞则不为道用也,而有所执滞皆由信有不足所引起。

玄宗认为体道者悟道忘言则近乎道,其"忘言"之说也契合道无、虚的特征。若于言于教有所执滞,则会迷途而失道矣。玄宗对于"同于道者"句的解释亦很特别,他列举方诸、阳燧以及《周易》中的例子其实也是为了说明"指月之手"的道理。方诸用于取水,阳燧用于取火,人以天、火的特征来分析、辨别,那么悟道也需要借助语言,这里进一步说明了工具的重要性。对于了悟佛法来说,"指月之手"也非常重要;同理,若想修习至道,最终还是必须通过忘言这一途径。

《道经》 下

---

① 黄寿祺、张善文:《周易译注》,上海古籍出版社,2001年,第125页。

跂者不立章第二十四

跂者不立，跨者不行，

跂，举踵而望也。跨[1]，以跨挟物也。以喻自见求明，明终不得。何异夫跂求久立，跨求行履乎？

自见者不明，

露才扬己，动而见无，故不明。

自是者不彰，

是己非人，直为怨府[2]，故不彰。

自伐者无功，

专固伐取，物所不与，故无功。

自矜者不长。

矜炫行能，人所鄙薄，故不长。

其于道也，曰余食赘行。物或恶之，故有道者不处。

自见等行，于道而论，是曰残余之食、疣赘之行，凡物尚或恶之，故有道之人不处斯事矣。

注释

[1]"跨"，玄宗释为以跨挟物也。跨指两腿之间，以跨挟物自然无法得行。

[2]"府"，应作"住宅"意解。

心解

上一章注文言，希言方可得自然之道，不得者在于其不信，不信道之顺化自然之理，是为执言滞教。不得了悟。本章注顺承上章逻辑，不得了悟，则正如跂者不得立，跨者不得行，叙述的正是执言滞教之人的表现。

唐玄宗对"跂"和"跨"基本作原义理解，如举踵而望则不能久站，以跨挟物则难以行走，在他看来，这是以一己之见求明了的后果，重一己之见则易执滞。河上公本解"跂"为"进"①，求进和自我夸耀会导致自我遮蔽；王弼本也将其理解为"进"②，一味求进则有失安稳。几个版本的注解关注的点都在于过于冒进，求一己之见终将导致一己之不立、不行、不明。原因都出在"己"和一己之"身"上，过于重身而导致身有所失。随后四个"自"字开头的句子说的就是这个道理。

玄宗认为，不明是因为露才而张扬自己，不彰是因为肯定自己否定他人；无功是因为自矜己功，难以长久则在于自我炫耀而会受人所鄙。玄宗此处的论述有两层意思：其一，不明、不彰、无功及不长久在于过于重一己之身，重身则失真无之道，受制于有身，自然无法得悟而明；其二，是非、身心、物我之间的矛盾既对立又统一。是非对立、身心互斥、物我两重处于心有分别的状态之下，真正的修道者心无差别，到此境界就会发现是非一体，身心为一，物我无别，善亦是恶。但以上所言也只是第二层的认识，如《希言自然章第二十三》，知善恶而修道，然忘善恶、忘言才是真正的悟道，即悟道后连这个"悟"也要忘掉，最终还要忘其"忘"。

最后一句是在对比中得出有道之人与世人之间的区别，以及绝学与俗学之间的划分。河上公从理国的角度出发来解释最后一句，他认为自我矜伐之人易生暴政、苛政，如此则劳财伤民而为人所厌恶，故有道之人不居其国。③此处还隐含即使居其位、居其国，也要不据国、不居功，如此才能得长久之意。宋常星注文中也有类似的理国思想。

相比之下，唐玄宗此句的注文较为贴近原意。于道而言，"自见"其实跟吃饭过饱、行走过重一样，多余则成为累赘。若为物、身所累，则人心不稳而动荡，无法持道而易堕入迷途。如此却仍不自知，在其不明。因此，有道之人知晓此循环致乱因缘之理，故能及时远离迷途，使自己沿正道而行。由此可见，此章的关

---

① 《老子道德经河上公章句》，王卡点校，中华书局，1993 年，第 98 页。
② 《老子道德经注校释》，王弼注，楼宇烈校释，中华书局，2008 年，第 60 页。
③ 《老子道德经河上公章句》，王卡点校，中华书局，1993 年版，第 99 页。

《道经》下

键词可归结为"道行"，若想道行无阻，则需要去余赘之行、去有，如此才能轻其心而明其道。

有物混成章第二十五

有物混成，先天地生，

将欲明道立名之由，故云有物，言有物混然而成，含孕一切，寻其生化，乃在天地之先。

寂兮寥兮，独立而不改，周行而不殆，可以为天下母。

有物之体，寂寥虚静，妙本[1]湛然常寂，故独立而不改；应用遍于群有，故周行而不危殆，而万物资以生成，被其茂养之德，故可以为天下母。

吾不知其名，字之曰道，强为之名曰大。

吾见有物生成，隐无名氏，故以通生表其德，字之曰道，以包含目其体，强名曰大。

大曰逝，逝曰远，远曰返。

妙用无方，强名不得，故自大而求之，则逝而往矣；自往而求之，则远不及矣。若能了悟，则返在于身心而证之矣。

故道大，天大，地大，王亦大。

因其所大而明之，得一者，天、地、王也。天大能覆，地大能载，王大能法地、则天行道，故云亦大也。

域中有四大，而王居其一焉。

王者，人灵之主，万物系其兴亡，将欲申其鉴戒，故云而王居其一，欲警王令有所法，谓下文也。

人法地，地法天，天法道，道法自然。

人谓王也，为生[2]者先当法地安静，既尔又当法天运用生成，既生成已，又当法道清净无为，令物自化，人君能尔者，即合道法自然之性。

注释

[1]"妙本"，唐玄宗于《致虚极章第十六》云"虚极者，"妙本"也"。"妙本"，虚空之极，湛然寂静。

[2]依对应之经文及前一句注文来看，此处"生"字似当为"王"字，于义为长。

心解

本章经与注是对道进行专门阐发及系统化总结的章节，从开篇道是什么、道的名字，进而过渡至道的效用，直至最后"道法自然"的命题，如此，道的体系才算全面建成。

唐玄宗对第一句中"有物"二字的分析是：此处言"有物"，在于我们其实无法立一个确切的名字，因其体大而远不可及，但倘若要勉强为之命名，便可称为"道"。这也是《道可道章第一》的叙述逻辑，此章再次重申。此"有物"虽混然一片，但其先于天地而生且化育万物。对于"此物是什么"的疑问带领读者进入后面的叙述。读至第二十五章，我们很容易就能总结出《道德经》的叙述风格。其一，论证要么是从低到高，要么从高降至低，层层推进或层层降维，直至推出最后的结论。其二，用譬喻法，这大概与老子说道深远玄妙且不可言说的特质有关，非喻不易明了。既如此，譬喻之法在文中各个层面的叙述都有运用。其三，好用对比论证法，这大概也与道的特质有关，在道之无分别的状态下，善即是恶，万事万物有分别而又无差别。其四，在整体行文结构上，同一个道理会反复在不同章节循环论证和重申。此做法固然可以加强文章主旨，使论证环环相扣，然是否也可以因此说，《道德经》其实可以更加简练，《道可道章第一》其实已经说明了所有的问题。从玄宗的注文可以看出其对《道德经》叙述逻辑的掌握，前文也曾提到，从其对本章第一句的解释中亦可以看出。

玄宗注对第二句的解释体现了其与众不同，他引入了"妙本"来释道，关于"妙本"及"道"之关系，前文已进行过详细阐释，故不赘言。因此"有物"或此"妙本"寂静、独立，恒常不改，故生育万化，应心应物，周行而长久，因此

可将此物看成万物之母。对于此物，只能勉强字之曰"道"，名之为"大"。玄宗注的逻辑性很强，由此也可见《道德经》的逻辑性层层相扣。如此篇是由小及大，揭示出道的本质，再由其大分散至"小"的叙述，最后又返归至大，重申关于"道"的论述。因此可以说，《道德经》的行文特点也显示了"道"的特质。

玄宗将"远曰返"解释成"若能了悟，则返在于身心而证之矣"，意即道的修炼就在于一个"返"字，返回婴儿、愚朴之状态，返归自然，其实都是返回一己之身心去求证，说到底就是一个"心"而已。知此修道之法，故天、地、王亦即法道而生之、行之矣。在这四大之中，玄宗认为王乃人灵之主，从人可以顺延逻辑往上推，形成道体系的闭环，而其中的每个环节对于道来说既是多、也是"一"，因其均具有道的特质。因此，人君能理身理国，皆在于其能法道之本然亦即自然而然而已。

重为轻根章第二十六

重为轻根，静为躁君，

重者制轻，故重为根，静者持躁，故静为君[1]。

是以君子终日行不离辎重。

辎，车也。重者，所载之物也。轻躁者贵重静，亦由行者之守辎重，故失辎重则遭冻馁，好轻躁则生祸乱。

虽有荣观，燕处超然，

人君者守重静，故虽有荣观，当须燕尔安处，超然不顾也。

奈何万乘之主，而以身轻天下？

奈何者，伤叹之辞也。天下者，大宝之位也。言人君奈何以身从欲，轻用其身，令亡其位也。

轻则失臣，躁则失君。

君轻易则人离散，故失臣；臣躁求则主不齿，故失君。

注释

[1]"君"，玄宗其实并未对此进行解释，且需注意，此处"君"与末句之"君"的意思不同。第一个"君"可理解为主宰、统治之意，不应理解为君王意。

心解

查看唐玄宗注文，可发现本章主要是从身国同治理论方面进行解释。首先从譬喻入手，说明"重轻"及"静躁"的矛盾统一之处，从而推出君臣相处应持守的法则，如果轻重颠倒，静躁失和，则君臣关系不固也。

河上公本注文虽然提及理国理论，但更为偏重治身之则。王弼本此章解释较为简单，整体上看就是对原文的字面解释。李荣本在具体释义上修身理论少，大多作理国理论解，但其在具体字句上与河上公本较为一致。如"燕处超然"一句，河上公本的关键词是"宫阙"及"后妃"。① 宋常星本是几个版本中较为全面的，因此若想全面理解本章内容，不可错过。白玉蟾本完全从修身理论来解此章，其注文的关键词是心道一体，将"君"也理解为心。② 纵观以上版本，如想透彻理解唐玄宗注文的精髓，可辅以河上公本及宋常星本。

如注释所言，第一句注文中的"君"应作主宰之意，故此句大意可总结为八个字——静主宰躁，重主宰轻。此八字蕴含之理与道通，道主静；且上善若水，水必是从高处往低处流，因此道亦主重。尽管前文也提到过，善即是恶，按此理论，静也是躁，重也是轻。但道的本质属无、静且具大德性，故终究是无主宰有，善压制恶，静控制躁。玄宗第二句的注文无甚突出，以譬喻之法重述第一句之理，这也是《道德经》中常用的阐述逻辑。各注本对于第三句的解释分歧较大，可主要对比河上公及宋常星本。

河上公本此句大意为即使拥有宫阙和后妃，也要远避而不处其间③，明显是

① 《老子道德经河上公章句》，王卡点校，中华书局，1993年，第106页。
② 《钦定四库全书·子部·道德宝章》，第14页。
③ 《老子道德经河上公章句》，王卡点校，中华书局，1993年，第106页。

《道经》下

针对君王而讲。宋常星此句注文围绕君子或圣人之德展开叙述,荣观释为人世间之繁华物欲,燕处释为超然清净之意。① 可以说两个版本此处宗旨虽一致,但解释的角度却大大不同。玄宗此处词语释义与宋常星近同,但叙述的主体与河上公本一致,皆为人君。

唐玄宗认为,人君若放纵身体之欲,则易失去天下,然奈何又从来不乏轻用其身的万乘之君。最后从人君及臣子两方面来讲述理身理国的重要性,即君王若轻纵身之嗜欲,则会失去作为君王的尊贵而为臣子所不齿;而臣子若不修一己之身,追求躁动,则会为君主所弃。此句充分说明了道无偏差之理,无论是君主还是臣子,都需做到修己身以顺大道,如此才是儒家所称"君君臣臣父父子子"的最高境界。

善行章第二十七

善行无辙迹,

于诸法中,体了真性,行无行相,故云善行,如此则心与道冥,故无辙迹可寻求。

善言无瑕谪,

能了言教,不为滞执,遣象求意,理证言忘,故于言教中无瑕疵谪过。

善计不用筹算,

能了诸法,本无二门,一以贯之,不生他见,故无劳筹算[1],自能照了,既无计算,非善而何?

善闭无关楗而不可开,

兼忘言行,不入异门,心无边境之迷,境无起心之累,虽无关楗,其可开乎?

① 宋常星:《太上道德经讲义》,《藏外道书》(第一册),巴蜀书社,1994 年,第 789 页。

善结无绳约而不可解。

体了真性，本以虚忘，若能虚忘，则心与道合，虽无绳索约束，其可解而散乎？

是以圣人常善救人，故无弃人；常善救物，故无弃物，

是以圣人常用此五善之教以教之，故无弃者。

是谓袭明。

密用曰袭[2]，五善之行在于忘遣，忘遣则无迹，故云密用。密用则悟了，故谓之明。

故善人，不善人之师；不善人，善人之资。

师，法也。资，取也。善人可师法，不善人可取役使也。

不贵其师，不爱其资[3]。

此章深旨，教以兼忘，若存师资，未为极致。今明所以贵师为存学相，学相既空，自无所贵。所以爱资为存教相，于教忘教，故不爱资。贵爱两忘，而道自化。

虽知大迷，是为要妙。

师资两忘，是谓玄德。凡俗不悟，以为大迷，故圣人云，虽知凡俗以为大迷，以道观之，是为要妙。

注释

[1] "筹箅"，古代计算方法之一，用刻有数字的竹箅来计算数目，也称"筹策"。

[2] "是谓袭明"，唐玄宗将"袭"理解为"密用"，河上公本则作承袭意解①，李荣本与河上公本取意相同。由此可看，诸家注本对"袭"之解释大致分为两种：其一解为"承袭"，其二取其秘密意，如玄宗理解为"密用"。

① 《老子道德经河上公章句》，王卡点校，中华书局，1993年，第110页。

[3]"不爱其资",河上公将"资"理解为"用"①,王弼将"资"解为"取"②,唐玄宗与王弼本此处相同。

心解

《重为轻根章第二十六》言,若轻重倒置,逐躁弃静,轻则失臣,躁则失君。从上文可看出,第二十六章注算是对于不善者的慨叹及劝告。沿袭上章内容,本章是对"善"做集中说明,开篇即阐述"五善",行此五善的关键在于忘遣,即《希言自然章第二十三》提到的"希言",最终要做到师、资两忘,才是真正的玄德之道。

唐玄宗对于"善行"的理解是无行迹的真行,欲行善行,需心与道暗合。玄宗本胜于河上公及王弼本之处在于他点出了"心"之重要性,此处可参照白玉蟾本来理解。白玉蟾解第一句为以心知心③,此四字与玄宗注"于诸法中,体了真性"是一样的道理。玄宗对于"善言"的解释与河上公及王弼不同,河上公认为善言是择言而讲④,王弼解为顺物之性而无析别。⑤玄宗的解释符合其注文的叙述逻辑,他认为善言是不为言教所执滞。综合三家注,吾人以为王弼的解释更为合理,有瑕疵谪过是因为心有析别,故善言非顺己之性,乃是以心应物,心物相通则言无过错。对于另"三善",玄宗认为要做到善计、善闭或者善结,关键在于心与道合且一以贯之,则能真正体道、悟道。

至于"是以圣人常善救人,故无弃人;常善救物,故无弃物"一句,关键在于"故无弃人"及"故无弃物",若只看玄宗注文,对于经文大意之理解显然是不甚明晰的。河上公解此八字为"使贵贱各得其所"以及"圣人不贱石而贵玉,视之如一"⑥。王弼解"故无弃人"为"辅万物之自然而不为始",百姓之心无惑无欲望,则无所谓放弃之说,于物来说亦是如此。⑦唐玄宗本句注文可看作对

① 《老子道德经河上公章句》,王卡点校,中华书局,1993年,第110页。
② 《老子道德经注校释》,王弼注,楼宇烈校释,中华书局,2008年,第71页。
③ 《钦定四库全书·子部·道德宝章》,第14页。
④ 《老子道德经河上公章句》,王卡点校,中华书局,1993年,第109页。
⑤ 《老子道德经注校释》,王弼注,楼宇烈校释,中华书局,2008年,第70页。
⑥ 《老子道德经河上公章句》,王卡点校,中华书局,1993年,第109页。
⑦ 《老子道德经注校释》,王弼注,楼宇烈校释,中华书局,2008年,第71页。

"五善"的总结，圣人善以此五善教人，故无弃人亦无弃物之说。综合三家注文来看，五善之行在于使心顺道之自然，而圣人善于此行，故他们以此教化万物，正如天地之化育万物之功，如此则万物能够顺化自性而生。此句之深意与"圣人不仁，以百姓为刍狗"一句暗合，若一视同仁，则无差别产生，也便无宠爱或耻辱之说。

本章后半段开始从另一个角度讲圣人之教，从而推出修道之根本原理，"是谓袭明"句已将此理说得清晰明白。"袭"表密用，行五善之行关键在于忘遣，忘遣则能无痕迹，故说密用，因此圣人之教也在于忘遣、在于密用。此处更加证明了一个道理，即无为并不是无所作为，即使忘遣，也仍强调"用"，只不过要密用，密用之理在于与道暗合。吾人以为最后两句是对教、学道理的巧妙讨论，玄宗注文解释得十分详细。其言，贵、爱两心皆忘遣，则道自化。如前文所解，五善之教在于忘遣，而对于修圣人言行之百姓，学习的重点也在于忘遣，忘记师者的指月之手，更要忘记指月之手的内容，如此则能够进入真正的学习。师者亦要以与道暗合之心去教导，如此道方能大化流行。

此章还有一个有趣之处，"故无弃人"和"故无弃物"的道理与孔子所言"有教无类"的宗旨是一致的，在当今教育学上应该可理解为"不放弃任何一个学生"或"没有教不好的学生"。那么如何做到这一点呢？王弼注文及河上公注文解释得较玄宗更为清楚，上文已提及此点。与有教无类常常相联用的方法是因材施教，用《道德经》的语言来说就是，顺人、物之本性，令其自化则能做到不弃物、不弃人，因此则无"弃"之说法也。

知其雄章第二十八

知其雄，守其雌，为天下溪。为天下溪[1]，常德不离，复归于婴儿。

雄者患于用牡，故知其雄，则当守其雌，谦德物归，是为天下溪谷，则真常之德不离其身，抱道含和，复归于婴儿之行矣。

知其白，守其黑，为天下式。为天下式，常德不忒，复归于无极。

能守雌静，常德不离，德虽明白，当如暗昧，如此则为天下法式。常德应用，曾不差忒，德用不穷，故复归于无极。忒，差也。

知其荣，守其辱，为天下谷。为天下谷，常德乃足，复归于朴。

德虽尊荣，常守卑辱，物感斯应。如谷报声，虚受不穷，常德圆足，则复归于道矣。朴，道也。

朴散则为器，圣人用之则为官长。

含德内融，则复归于朴。常德应用，则散而为器，既涉形器，必有精粗，圣人用之，则为群材之官长矣。

故大制不割。

圣人用道，大制群生，暄然似春，蒙泽不谢，动植咸遂，曾不割伤。

注释

[1] "谿"字，原文为"俗"字，据上下文改。

[2] "为天下谷"，几个注本目前有两种解释。其一，如河上公解释为水流入深谷，取其天下归之之意；① 其二，如唐玄宗、李荣、白玉蟾及宋常星，重谷之中空特征，取其虚空意，此处可与"谷神不死"句结合起来理解。

[3] "官长"，河上公本仅是将词换成了"元长"②，唐玄宗本为"群材之官长"，笔者认为宋常星本解释较为全面。宋常星认为公而无私可称为官，主宰万物称为长，那么官长就是以天下之至公来宰制天下。③

心解

上章主要论述什么是五善之行以及如何修之，修又从教和学两方面展开论述，分别针对圣人及常人团体。然无论是教或学，无论是圣人抑或凡人，若想了悟，需做到忘遣。师资两忘，是谓玄德也。本章主要围绕常德及与圣人之间的关系展开论

---

① 《老子道德经河上公章句》，王卡点校，中华书局，1993 年，第 114 页。
② 《老子道德经河上公章句》，王卡点校，中华书局，1993 年，第 115 页。
③ 宋常星：《太上道德经讲义》，《藏外道书》（第一册），巴蜀书社，1994 年，第 792 页。

述，可以说是对上一章学与教讨论的延续；若教与学得当，则能了悟，了悟则能得常德，得常德便可宰制万物。开篇之"三知"句叙述了常德的特征，即常德之体；最后两句叙述的则是常德之用，结合起来便是圣人关于常德的体及用。

唐玄宗将"知其雄，守其雌"解释为执守谦德万物归往，是为天下溪谷，因此雄者应患于用牡，而当守其雌。此句之解释符合《道德经》的基本义理，如前文提及的圣人因后其身而得身先，非己而得自彰。如此与道含和，常德常行，则复归婴儿之朴也。玄宗本"知其白，守其黑"中注"白为明白，黑为暗昧"。河上公本谓"白为昭昭，黑为默默"①，意即道虽昭昭明了，但我们应默默守之，似乎与玄宗本无大区别。下句的"知其荣，守其辱"注文为德虽尊荣，常守卑辱，其实与"宠辱若惊"的意思是一致的。综合前三句来看，即告诉人们需要守虚静。玄宗言，虚受不穷，常德圆足，则复归于道矣。总结出来即一个"反"字，也作"返"，故老子教导世人守雌、守虚静，处于谦卑地位的做法，其实是种积极的无为、强者的哲学。

唐玄宗对"朴散则为器，圣人用之则为官长"一句的解释其实就是前几章内容的一个汇合。若圣人心与道合，则复归婴儿朴素自然之状态，如此可心与物应而无所分别；因此无论人、物本身有多大的差别，皆能令物顺化自为。圣人之用，就是上章所说之"故无弃物""故无弃人"，令万事万物皆处于"暄然似春"的状态。圣人为此大功却不居其位，故能行长行久也，这也是"圣人不仁，以万物为刍狗"的境界。

将欲章第二十九

将欲取天下而为之，吾见其不得已。

天下者，大宝[1]之位也。有道之者必待历数在躬[2]，若暴乱之人将欲以力取而为之主者，老君戒云：吾见其不得已。

---

① 《老子道德经河上公章句》，王卡点校，中华书局，1993 年，第 114 页。

天下神器，不可为也。为者败之，

大宝之位，是天地神明之器，谓为神器，故不可以力为也，故曰为者败之。此戒奸乱之臣。

执者失之。

历数在躬，已得君位，而欲执有斯位，凌虐神主，天道祸淫，亦当令失之。此戒帝王也。

故物或行或随，或煦或吹，或强或羸，或载或隳。

欲明为则败、执则失，故物或行之于前，或随之于后，或煦之使暖，或吹之使寒，扶之则强，抑之则弱，有道则载事，无德则隳废。

是以圣人去甚，去奢，去泰。

圣人睹或物之行随，知执者之必失，故去其过分尔。

注释

[1] 唐玄宗解"天下"为"大宝之位"。将大宝解作帝位还可见于《易·系辞下》："天地之大德曰生，圣人之大宝曰位。"① 于此例可知为什么玄宗在后文中将大宝之位称为神器。

[2] "历数在躬"，典出《论语·尧曰》。历数：天运、气数。大意是天运在你的身上。

心解

前章最后讲述的是圣人成为官长的可能性和条件，圣人用道则能大制群生，令万事万物暄然似春。本章进一步论述了什么是官长之位以及圣人和官长位之间的必然联系。吾人以为可总结为圣人获得天下位的合法性，此合法性即是否合道之法理；若不合，辄行甚、行奢、行泰，则失天下矣。本章的叙述逻辑大致如下：叙述天下与君位之间的关系，进一步叙述帝王在其中的位置及作用，最后是方法论的总结，即人君该如何治国。

① 黄寿祺、张善文：《周易译注》，上海古籍出版社，2001 年，第 569 页。

为何人将欲取天下而不可得？唐玄宗将经文中的"天下"释为"大宝之位"，有道者是天命所定的得大宝者，暴乱之人若想以强力取得天下官长之位，是不可能得到的，因为其性分中没有的东西，对其来说便是"难得之货"。吾人以为唐玄宗此处的解释很符合其帝王身份（帝王当然不希望暴乱之人造反），也很符合其一贯主张的本分和性分的说法。其他如河上公、王弼、宋常星或刘一明本，注文内未出现得道者及暴乱之人的对比，同时亦未对君位的正统性有所强调。因此，可将此章看作唐玄宗对帝王之位正统性、合法性进行论证的章节。

　　河上公对"天下神器"的解释是，人是天下之神器，不可以有为治人、治物，王弼本与其类同。玄宗则将天下神器与大宝之位划了等号，奸乱之臣若想以强力获得也是不可能的，因其无正统性及合法性。宋常星本对此处的释义亦有维护圣君正统之意，但不似唐玄宗般以乱臣贼子来作映衬。然而玄宗对"执者失之"句的解释显露不一般的格局。他说，如果人君按照"天运"得到大宝之位却不善执之，违反天道、神器之理，则恐有失去之患。加上此句玄宗对帝王理国所提出的限制，其理国理论才能算是完整，从治民到治臣，最后说到对帝王之约束，才算成体系。这也是唐玄宗注本区别于其他各家注的亮点。吾人以为，适度的哲学性解释、颇具格局的理国理论以及颇有见地的修身理论，是唐玄宗"御注"的三大特点。

　　在方法论方面，唐玄宗总结出了三个要点：不力取，不执滞以及去过分抱常德。力取则失，执滞而无所进益，无德则不可载物，故人君当顺物随化，心无执滞，去掉力取和有为，则能行无为之治。修身以辅于理国，理国进而益理身，最后仍是要落到修一己之身上，而修身关键在于一"心"也。

以道佐人主章第三十

　　以道佐人主者，不以兵强天下，其事好还。

　　人臣能以道辅佐人主者，当柔服以德，不用甲兵之威，取强于天下。何则？兵者，凶器；战者，危事。抗兵加使[1]，彼必应之，其事既好还报。则胜负之

数，未可量也。

师之所处，荆棘生焉。大军之后，必有凶年。

军师所处，战则妨农，农事不修，故生荆棘。兵气感害，水旱继之，农废于前，灾随其后，必有凶荒之年。

故善者果而已，不敢以取强。果而勿矜，果而勿伐，果而勿骄，

善辅相者，果于止敌。盖在于安人和众，必不敢求胜取强，故虽果于止敌，敌不为寇，慎勿矜功伐取，以自骄盈，骄则败亡，故为深戒。

果而不得已，是果而勿强。

前敌来侵，不得休止。故用兵以止之，如是则果在于应敌，非果以取强也。

物壮则老，是谓不道，不道早已。

物之用壮，由兵之恃强。物壮则衰，兵强则败，是谓不合于道，当须早止不为。

注释

[1]对唐玄宗第一句注文中"抗兵加使"的理解可参见《道德经》第六十九章："祸莫大于轻敌，轻敌者几丧吾宝。故抗兵相加，哀者胜矣。"意即两军对垒，哀者胜。

心解

承接上章论及的人君治国当去甚、去奢、去泰之意，此章进而阐释为人臣子者当如何辅佐君王，义理在于一个"道"字。《道德经》为说明此理，举用兵一例从侧面层层深入，阐明不以道辅佐人君、不以道理国的一系列后患。

唐玄宗说到，人臣应因道之雌静、虚空之特质，以雌柔之德辅佐帝王，不应举兵事而强夺天下之土。臣子以德辅佐帝王存在一个前提，玄宗此处未明示，即人君之德性的感召。宋常星注意到了这个问题，他说，君王行正道则国治，君王心正身正而臣知也，则臣子亦善以道辅佐君王。由宋常星本可牵引出一个有趣的解释角度，言君王"正"在于身正心正，此说最终是要落实在修心的。因此，此

章可看作对修心之法的详细阐述，白玉蟾本深阐此理也。白玉蟾认为，心兵起处心狂乱，若心被有为之逐主宰，神、气最后皆会昏昏而被耗尽，[①] 故人心应守定、守静、守默，存之则长久。

玄宗对"不以兵强天下"的解释如下：首先，用兵及战事都是凶残、危急之属性。其次，两军对垒属你死我活之争，必是你强我则欲更强方可胜之，如此则何以止战？又拿什么去衡量战事的得失成败？吾人以为此句是对止战一个不错的解说，若以雌柔之德服之，那么就没有战争所带来的一系列惨烈后果，无论是对主动进攻的一方（主方）还是被动防守的一方（客方）都是一样的。

本章随后就论述了战争（强取或有为）带来的结果。玄宗言，军队师旅所处的地方农田不作，农田不作就会荒废；如此则生态被破坏，农废之后则旱灾、粮荒等相继来之。玄宗以"兵气感害"四字作为连锁反应的起始，大约因为戎属凶事故，这点与河上公本是相似的。河上公本认为天应之以杀气，而此杀气会流窜至万物，万物废则伤人。

故从方法论上来说，唐玄宗认为善于辅佐之人，必不逐胜取强，不以兵力逞强则无一系列祸患。玄宗在第三句注文中的总结很有意义，这也是他对自己立下的诫令。"慎勿矜功伐取以自骄盈，骄则败亡，故为深戒。"这句已不完全是从辅相角度来言事了，更是对于人君自身的警醒，告诫人君千万不要自矜己功而去强取攻伐，如此助长一己之骄妄，迟早会败身亡位。

唐玄宗解释道，若国有强敌入侵，则必须出兵，但此时需注意，出兵并不是为了以强压敌、以强取胜而彰显自己，而仅仅是为了退敌。正如第一句注文中所说"抗兵加使，彼必应之"，如此则战争何时是尽头？何以论成败？所以物壮易衰，兵强易折，若懂得此道理，就不至于轻易败亡了。尽管此章名为"以道佐人主"，但其实也是对人君、对一己理身之法的警示。通过此章也能进一步看出，道家所提倡的无为哲学究竟是什么。首先，无为绝不是无所作为，外敌入侵我们需要反抗侵略，外敌欺侮我们需要捍卫尊严。但需始终铭记，若为了取强、自彰实力而有为、营为，则会自丧己身，《道德经》想让我们明白的就是此理。

---

① 《钦定四库全书·子部·道德宝章》，第16页。

《道经》下

夫佳兵章第三十一

夫佳兵者，不祥之器。物或恶之，故有道者不处。

佳者，好也。兵者，谋略也。凡人修辞立诚，不能以道德藏器，而以兵谋韬略为好。谋略之用，只在于攻取杀伐，故为不善之材器。凡物尚或恶之，是以有道之人，不处身于此尔。

君子居则贵左[1]，用兵则贵右。

左，阳也。阳和[2]则发生，故平居所贵。右，阴也，阴凝则肃杀，故用兵所贵。

兵者，不祥之器，

祥，善也。好兵者尚杀，故为不善之材器也。

非君子之器。

君子以道德为材器，不贵兵谋。

不得已而用之，恬淡为上，

夷狄内侵，故不得已，善胜不争，是恬淡为上。

胜而不美。而美之者，是乐杀人。夫乐杀人者，不可得志于天下。

制胜于敌，必哀其人，故不以为美也。夫胜必多杀人，若以胜为美者，是乐多杀人，乐多杀人，人必不附。欲求得志，不亦难乎？

吉事尚左，凶事尚右。偏将军处左，上将军处右，

偏将军卑而处左者，不专杀人。上将军尊而处右者，主兵谋也。

言以丧礼处之。

丧礼尚右，今上将军居右者，是以丧礼处置之。

杀人众多，以悲哀泣之。

以生灵之贵，而交战杀之，有恻隐之心，故以悲哀伤泣之尔。

战胜，则以丧礼处之。

勇士雄，入战而获胜，胜则受爵，居于右位，尚右非吉，是以丧礼处之。但以为不祥之器，亦何必缟素[3]为资？

注释

[1]"君子居则贵左"，河上公解左主生位，贵柔弱。① 王弼未对此章作注，只得"疑此非老子之作也"② 八字。唐玄宗解左为阳，阳主发生，与河上公之意同。

[2]"阳和"，借指春天。

[3]缟，白色。缟素，白色的衣服，指丧服。

心解

此章论述重心依然是一个"道"字，且延续了上章兵事之例，继续从侧面论证若自矜己身而争强好胜，做有为、有损道体之事，就会伤及己身。上章谈及兵事之凶及危，本章则从更加细致的角度讲述了战事不祥的原因；且特别阐述了应对兵戎之事的态度，其与战事的本质有关（上章所提及）。即使此章非老子所为，但其主张对于军事战略、军事建设和治国理政而言都是很好的借鉴。

唐玄宗解"佳兵者"为好兵者，也可理解为好用兵谋韬略者。其后"凡人修辞立诚，不能以道德藏器"一句很有意思，可与《绝圣弃智章第十九》结合起来理解，意即凡人重视的是以文饰质，而非以道德载物；文辞仅是修道之工具，若执滞于此，就无法了悟大道。修道之人不可执滞语言而迷道，而应以道体心，进而体万物。至于为何说谋略之用为不善？玄宗认为谋略讲求的均是攻、取、杀、伐，此与道相违背，故君子不取。

唐玄宗随后的注文其实与其他版本注无太大区别。玄宗认为阳和则发生，阴凝则肃杀，意即左为阳，主万物发生；右属阴，主万物肃杀。故我们应贵左，因其与平常相符，与道之流行顺应；而右阴带有的肃杀之气与兵气相符，故为兵事

① 《老子道德经河上公章句》，王卡点校，中华书局，1993 年，第125 页。
② 《老子道德经注校释》，王弼注，楼宇烈校释，中华书局，2008 年，第80 页。

《道经》 下

所贵。从此思路上解，兵为不详之事，因其违反"道生蓄"之意。所以可推出，君子不贵用兵之道。然这并不应是我们对待兵戎之事的完整态度，玄宗接着讲述了"不得已而用之"的情况。

"不得已而用之"段可与"果而不得已，是果而勿强"结合起来理解。若外敌来侵，则应正面迎敌，但此时的目的需要摆正。玄宗言"善胜不争，是恬淡为上"，抵抗侵犯不是为了彰显自我实力，而仅仅是为了退敌，若一味求胜，那么对于参战双方来说都是一场悲剧，无胜利可言。因此玄宗认为，那些以胜为美的人，是乐多杀人者。而乐多杀人者，人心必不归附。因此，不应以战事为美好，战争多必伤人伤物，此属哀伤不祥之事，鼓吹战争之人，必多征讨者。吾人以为玄宗此处注文对于当今世界而言，依然有诸多裨益。最后三句延续前文脉络，以左右之喻对应军中偏将军和上将军之位。上将军居右乃主丧之位，乃言兵谋为肃杀之事，故不应以之为喜。符合道之原理的态度应是胜时以丧礼处之，包括对敌军战死的士卒，方能彰显对生灵的敬畏和慈哀之心。

注文最后有进一步发挥——但以为不祥之器，亦何必缟素为资？此疑问非常有力，兵事既然是不祥之事，可以丧事处置之，但没必要行丧礼，又何必出此之资？玄宗意或以为若因此而去举丧礼、耗丧事之资，亦是对道之自然的违背。

道常无名章第三十二

道常无名。

道以应用为常，常能应物，其应非一，故于常无名。

朴虽小，天下不敢臣。

朴，妙本也。[1] 妙本精一，故云小。而应用匠成，则至大也。故无敢以道为臣者。

侯王[2]若能守，万物将自宾。

侯王若能守道精一，无为而化，则万物将自宾服矣。

天地相合以降甘露，人莫之令而自均。

侯王若能抱守精一，则地平天成，交泰致和，故降洒甘露。夫甘露既降，萧兰俱泽，不烦教令，而自均平。取譬侯王，称物平施。

始制有名，名亦既有，

人君以道致平，始能制御有名之物，故有名之物亦尽为侯王所有矣。既，尽也。

夫亦将知止。知止所以不殆。

若侯王能制有名之物，则夫有名之物亦将知依止于侯王，知依止有道之君，所以无危殆之事。

譬道之在天下，犹川谷之与江海。

天降甘露，以瑞有道，故譬有道之君，在宥天下，天则应之，犹如川谷与江海通流尔。

注释

[1] "朴，妙本也。"前文对"妙本"进行过等同解释的有"无名者，妙本也"，以及"虚极者，妙本也"。

[2] "侯王"，也作"王侯"。

心解

此章注文又出现了唐玄宗注的关键词——"妙本"，将三种解释结合起来看，就可充分明白"妙本"在唐玄宗注中的地位。本章回归道之本原，阐述道与制之间的关系。刘一明认为本章的中心为"朴虽小，天下不敢臣"① 句。吾人以为，本章不仅讲了"天下不敢以道为臣"的一方面，也讲述了"道制天下"这一方面。

唐玄宗对于"道常无名"的解释为，道应万物非一，故于常来说为无名。此是从常与一的角度来讲述问题，因道应万物，那么如何来为此物命名？我们无法总结道，只能说明道不是什么、像什么以及有什么，说其是什么也仅是勉强为之的。原因在于道尽管再玄妙，也须生蓄万物、教化万物，为生育万物之便，则必

---

① 《道德经会义》（卷二），素朴散人悟元子注，嘉庆八年榆中栖云山藏板，第22~23页。

须道可道也。玄宗将"朴虽小"理解为"妙本精一",这是以常人的角度来看,因"妙本"精一,所以常人无法理解,以为道小;但其实此小为至大也,故万物不敢也不应臣之。道以其虚极、其朴、其玄妙来感化万物,万物因此而自治,也以德来相与为道。因此,此处除"不敢",也要将"不应"的意思解出来。顺此思路,道化万物,万物宾服;侯王秉天之道,万物因此也对之宾服。此句的释义无甚新意,基本是对前文已提及道理的重复讲说。

其次,若侯王秉天地之道,则万物宾服,并顺道之理而自我均平也,此处强调万物顺其天性而自然生长的状态。随后三句其实又是对前文已提之义的反复强调。玄宗的意思大致来说是,人君若可以道之中虚宰制万物,则所有具名之物皆为其宰制;同时因人君以道心应万物,万物乃至天都应之;故万物能顺人君之道且能以道相人君,如此则无危殆之事。

最后一句注文以譬喻之法再次说明此章之理——譬道之在天下,犹川谷之与江海。注文中的"宥"字可理解为宽厚仁慈地对待,即人君秉道而宽厚仁慈、无差别地对待万事万物,天地也会回应人君此份"不仁"。这一切正如川谷流入江海,自然且自为也。

知人者智章第三十三

知人者智,自知者明。

智者,役[1]用以知物;明者,融照以鉴微。智则有所不知,明则无所不照。

胜人者有力,自胜者强。

能制胜人者,适可谓有力,能自胜其心使柔弱者,方可全其强尔。

知足者富,强行者有志,

知止足者无贪求,可谓富矣。强力行者不懈怠,可谓有志节矣。

不失其所者久,

知足强力,不失其所恒,则是久于其道者。

死而不亡者寿。

死者，分理[2]之终；亡者，夭枉[3]之数；寿者，一期[4]之尽。夫知人胜人，必招殃咎，知足强力，动得天常。得天常者，死而不亡，是一期之尽，可谓寿矣。

注释

[1] "役"，此处作"役使"解。

[2] "分理"，吾人以为应作所秉之本分、之生的道理理解。

[3] "夭枉"，短命、早死之意。

[4] "一期"，佛学用语，即人之一生。

心解

本章注文集中论述了自心与道之关系，强调的是向内性而非向外扩之自彰性；自知则得明，明则"死而不亡"。此章采用了正反对比法来对"内""外"进行言说，重申的依然是一个道字，而此道字要回归至人之一心进行阐释。白玉蟾本对于"自知者明"的解释即为以心去合道①。

唐玄宗对于第一句"知人者智，自知者明"的解释与其他诸家注文有较大出入，可参照几个注本来综合理解。河上公本解道，能分辨人之善恶可称为智；但人若能知道自己的贤或不肖，是为明，因为这种反听、内视的行为与道的无声、无形是相合的。② 王弼将知人与自知者进行对比，认为能自知者在知人之上。③ 吾人以为宋常星本简洁明了，他说知之于外为智，能自知于内为明，④ 此句阐述较为透彻。相较于其他版本，唐玄宗注理解起来有一定难度，但所用例子较为巧妙。玄宗认为，智是役使有之用来知晓万物；明却是融照以鉴别细微之处。明者将自身融入光照之中，就是"虚己以应物"的过程。若以此心去关照万物，则可实现无所不照。因此，玄宗才说智者有所不知，因其始终秉持以观法去观物的态度，此做法可谓智，但于"明"来说则无大裨益。如此一番解释后，我们可以发

---

① 《钦定四库全书·子部·道德宝章》，第17页。

② 《老子道德经河上公章句》，王卡点校，中华书局，1993年，第133页。

③ 《老子道德经注校释》，王弼注，楼宇烈校释，中华书局，2008年，第84页。

④ 宋常星：《太上道德经讲义》，《藏外道书》（第一册），巴蜀书社，1994年，第796页。

现唐玄宗对本章第一句的解释较其他各家注更为巧妙。

其后两句也是为了说明"知人者智，自知者明"这一道理。玄宗认为，以强力去制胜外人终究不可谓强，唯有战胜了自心之坚硬仍能以柔软去应人应物者，才能称得上真正的强大。因此也可以说，知足之人为富人。玄宗认为之所以自知者明，在于其知晓恒其立身之德，他们久于修持"道"理，故能长久。唐玄宗对于最后一句的解释也甚是有趣，他对"死""亡"及"寿"进行了区分。其言死是所秉生之分的终结，亡是指早死之命数；寿是指人之一世生命的结束。那么可以说，如以人力胜人力，必有殃灾；唯有守道之恒常，才可死而不亡。玄宗对"死而不亡"的解释是：人的一生得以尽，就可以称为寿了。大意就是，即使此生已尽，仍可称为寿，因其未早死；守住道之恒常而通达此生，就是死而不亡了。

唐玄宗最后对于"死而不亡"的解释很是巧妙，深刻地体现了前文所说"自知者明"的道理。后世道教徒追求长生飞仙，从宗教信仰角度看，我们不可据此就轻易下判断说老子"死而不亡"的说法是不恰当的。但似乎禀持唐玄宗的这一观点，人的一生可能会更为通达。

大道泛兮章第三十四

大道泛兮，其可左右。

大道泛兮，无系而能应物。左右[1]，无所偏名矣。

万物恃之以生而不辞，功成不名有，

言万物恃赖冲用而生化，而道不辞以为劳，功用备成，不名己有。

爱养万物而不为主。常无欲，可名于小；

爱养群材，而不为主宰，于物无欲，则可名于小，言不可名小。

万物归之不为主，可名于大。

爱养之，故万物归之，有万不同，而不为主，可名为大。非小非大，所以难名。

是以圣人终不为大，故能成其大。

是以圣人法道忘功，终不自为光大，故能成其光大之业。

注释

[1]"左右"，唐玄宗解为无所偏名，即无所分别之意。河上公言此为道可左可右之意①，与玄宗意几近。其他几个版本虽然从不同角度来解释，但最终都是为反映道无所不适、无所分别之特质。

心解

此章重点说明了道无分别的特点，从贯穿整章的"大""小"之论中可以得出。刘一明认为此章关键在于"不自大"②。不自大、不自小，同时也不"大"他人，"小"他人，说明的不正是此心之无分别意吗？

唐玄宗认为，大道泛泛，无甚分别，万事万物皆可顺而自化。注文中的"无系而能应物"还体现了道自然无为的特质。第二句体现的道理亦是前文无数次重申的：尽管道、天地造物有功，但道不恃功，天地也不处居功之位，因此万事万物得以蓬勃自然地发生，此之谓老子强调的"功成不名有"。玄宗对于"爱养万物"的解释无特别之处，他说，道爱养万物而不居主宰之位（此处可进一步解释为不起居主宰位的心思，因为圣人、君王需起到教化功能的，需居官长之位），因此其无欲于万事万物的态度可以称为"小"。玄宗认为此处是正话反说，既然在"可说"的层面上是"小"；那么于"不可说"层面上就是大之极。此道理对应的即第一章的"道可道，非常道"。

最后两句对"大""小"之辩做了进一步的论述，可大可小的原因最终还是要归结于对道本身的阐述。玄宗认为，可名为小，可名为大，因这可大可小的状态所以难名。按照此思路，难名则必会强为之命名，正如玄宗在第一章注文中所说之"物殊而名异，故非常于一名，是则强名曰'道'，而道常无名也"。道如此，天地如此，皆藏化育之功而不居之；而圣人秉道、秉天地之性命、精神，亦

---

① 《老子道德经河上公章句》，王卡点校，中华书局，1993 年，第 136 页。

② 《道德经会义》（卷二），素朴散人悟元子注，嘉庆八年榆中栖云山藏板，第 25 页。

《道经》 下

法道忘功，自己不称大而万事万物宾服而称其为"大"也，这也是前文"是以圣人后其身而身先，外其身而身存"一句所体现出来的道理。

玄宗此章注可谓中规中矩，与河上公、王弼等版本皆无很大出入，白玉蟾本则颇有意思。他以心无方所来解"大道泛兮"四字，认为道虽小但包容万物；同理，"心"虽小却藏世界。他以佛理来解最后一句，注文曰"诸佛法身入我性，我性同共如来合"①，从此处亦可一窥道教南宗派别在解释义理上的特色。

执大象章第三十五

执大象[1]，天下往；

大象，大道也。帝王执持大道以理天下，则天下万物归往矣。

往而不害，安平泰。

物往而不伤害，则安于平泰。

乐与饵，过客止。

乐，音乐也。饵，饮食也。言人家有音乐饮食，则行过之客皆为之留止。如帝王执道以致平泰，亦为万物所归往矣。又解云，乐以声聚，饵以味聚，过客少留，非久长也。是以蘧庐[2]不可以久处仁义，觏[3]之而多责。故人君体道清净，淡然无味，始除察察之政，终化淳淳之人。故下文结云"用不可既"也。

道之出口，淡乎其无味，

人君以道德清净为教，初出于口，淡乎其无味，不似俗中言教，有亲誉畏侮等也。

视之不可见，听之不足闻，用之不可既。

以道镇净，初无言教，故视之不足见、听之不足闻，而淳风大行，万物殷阜，岁计有余，故用不可既。既，尽也。

---

① 《钦定四库全书·子部·道德宝章》，第17~18页。

注释

[1]"大象",各版本对于"大象"之解释皆为道,但论述方式不同,如王弼解为"天象之母"①。

[2]"蘧",蘧庐,古代的旅舍。

[3]"覯",遇见。

心解

与前章相比,此章更加关注"小"这一层面的问题。尽管开篇为"执大象",讲的是道如何大显天下,但天下万事万物更多是从"小"的层面来体会道。因此从"小"的层面讲,我们会发现"道之出口,淡乎其无味"。那么在此情况下,人们该如何对待道?圣人、君王该如何以道化育万物、百姓?唐玄宗本章注文就是从这两个问题入手,告诉了我们一个帝王关于此问题的思考。

相较于河上公、王弼等人的版本,玄宗注文确实更加关注理国理论,宋常星亦是如此。唐玄宗对于"执大象,天下往"的解释是:帝王若以道执持天下,则天下皆会以理而宾服之。因此,万物顺理、据理而自化,帝王于天下无所伤害,万物也因此无所割伤,故天下安于平泰。宋常星本相较于玄宗本而言,对于"往而不害"四字的解释更为细致深入。宋常星说,若君王不劳民、不失政、不聚敛、不黩武,则可称为"不害"也。② 吾人以为宋常星本对唐玄宗注文中所提到的理国理论起到了很好的补充作用。宋常星认为君王应执之于天下,而唐玄宗是一国之君,与宋常星看问题的角度终究不同,所以阐述探讨《道德经》中的理国理论时可将两个版本结合起来看。

唐玄宗对"乐与饵,过客止"一句的解释较为深入。其言,若人家有音乐及饮食,那么就会吸引过往之客驻足。同理,帝王若以淳淳大道执政而开启太平升泰之治,那么其作用也会如美酒、美食吸引过客一般吸引天下宾客臣服。然而,玄宗认为这是不长久的行为,因为执滞于有则不能长久,这是老子在前面三十多

---

① 《老子道德经注校释》,王弼注,楼宇烈校释,中华书局,2008年,第87页。

② 宋常星:《太上道德经讲义》,《藏外道书》(第一册),巴蜀书社,1994年,第799页。

章不厌其烦地给世人反复申明的道理。因此，以外部之有来吸引客人，如妙音、美食，则皆不能长久。

我们将视线拉回玄宗想特别强调的理国理论，若人君可以除去苛察之政，则政令会更加清明，故帝王应该体道清净，"水至清则无鱼，人至察则无友"说的也是这个道理。尽管道之初化是淡而无味的，但万物正是依靠这种淳化之道而得以自化。因此玄宗认为，若帝王可以做到"无言教"，则淳风大行，万物殷阜也。

将欲歙之章第三十六

将欲歙之，必固张之；将欲弱之，必固强之；将欲废之，必固兴之；将欲夺之，必固与之，是谓微明。

经云"正言若反"[1]，《易》云：巽以行权[2]。权，反经而合义者也。故君子行权贵于合义，小人用之则为诡谲。孔子曰"可与立，未可与权"[3]，信矣。故老君前章云"执大象"，斯谓之实。此章继以歙张，是谓之权。欲量众生根性，故以权实覆却相明，令必致于性命之域，而惑者乃云非道德之意，何其迷而不悟哉。故将欲歙敛众生情欲，则先开张极其侈心，令自困于爱欲，则当歙敛矣。强弱等义略与此同。此道甚微而效则明著，故云是谓微明。

柔弱胜刚强。

巽顺可以行权，权行则能制物。故知柔弱者必胜于刚强矣。

鱼不可脱于渊，国之利器不可以示人。

脱，失也。利器，权道也。此言权道不可以示非其人，故举喻云：鱼若失渊，则为人所擒，权道示非其人，则当窃以为诡谲矣。

注释

[1]"正言若反"出自《道德经》第七十八章，唐玄宗对此句话解释为"是必正言，初若反俗"，意即正言刚开始必与俗学相反，此处强调的是道之正学与

俗学（有为之学）的不同理路。

　　［2］"巽以行权"，意为《巽》卦的道理可以用来顺势利导、行使权力。

　　［3］"可与立，未可与权"出自《论语·子罕》，大意为可以一起守道之人，未必可一起通权达变。权，作权衡、权变之意解。

心解

　　《执大象章第三十五》说人君秉执清净之道，故天下归往。然而老子告诫世人，道之显化并非如俗世之学般悦耳动听，引人入胜。为此，文中还借助以乐及饵来吸引过客的做法来与道之教化做比较。道之清净无为、细微无味是无法与俗学相比的，但人若能执大象，则用之不尽也。本章对上章道明之细微特质展开详细论述，甚至以俗学之至强来与道之最细微进行比较。然而世人却易沉迷于世俗之学，因此老子告诫世人，道行之最微弱时却是其行将最强之时，这就是本章所欲阐明的道理。

　　开篇"正言若反"四字其实已经归纳了整章内容，玄宗引用"巽以行权"说明行道之人可以利用道来行使权力，因势利导。需要引起注意的是《道德经》整体上强调去权谋，因权谋之有属于智，智不利于生明，反易令人误入歧途。那为何现在唐玄宗又有此说？他解释道，权谋表面上看固然反道之常理，但却合于义，吾人以为此义即为天地之大义；反道之常却合大义，故圣人用之为大用，小人用之则为诈谲之恶行。此处强调的依然是心对道之清净本根的修行。

　　玄宗认为上章之执大象为实，此章之"歙之"论述的则是权。上章结尾已经讲述了道初始之难行，此章却另开一条路径告知世人，即使道处于微弱的地位，看似难以得行，实则是道行将显明之时，修道之人只需守住心源，顺势导行即可。玄宗此处的解释还突出强调了一点，即人执迷于性命之域其实也是通往修道之路，若不明强弱之义，则困也还是自困。所以此处欲申明的道理是，修道之人应不惧环境之变化，即使困于性情之域，也要明白正言若反之理，如此则可以顺道导行而宰制形物，这也就是道家哲学强调的柔并胜刚的道理，因此老子言"上善若水"也。

　　玄宗对于"国之利器不可以示人"一句的解释为：为何说权不可以示人呢？这就好像鱼脱离水渊则为人擒拿，人若示权于他人则反被制约。此处表达了两层意思。其一，修道不可自彰，示于人其实已经是自矜之行了，故易失己。其二，老子强调的是道之应心应物，故修道之人不应示"道"之权于人，因会所示非

人。因此，若同为秉道修身之人，则自然感而自化，自然能悟而明；不同为修习道之人，则可能会将你的行权视为诈谲之行。

道常无为章第三十七

道常无为而无不为，侯王若能守，万物将自化。

妙本[1]清净，故常无为。物时以生而无不为也。侯王若能守道无为，则万物自化，君之无为而淳朴矣。

化而欲作，吾将镇之[2]以无名之朴。

言人既从君上之化，已无为清净，而复欲动作有为者，吾将以无名之朴而镇静之。无名之朴，道也。

无名之朴，亦将不欲。不欲以静，天下将自正。

言人君既以无名之朴镇静苍生，不可执此无名之朴而令有迹，将恐寻迹丧本，复入有为，故于此无名之朴亦将兼忘，不欲于无欲，无欲亦亡，泊然清净而天下自正平矣。

注释

[1] "妙本清净"，吾人以为此处注文应该是全书对"妙本"与"道"之对等关系表述得最为明显、清晰之处。

[2] "镇之"，唐玄宗解为"镇静"。河上公本释为"镇抚"①，王弼本仅为"镇之"②。宋常星本解释较为具体全面。他认为，"镇"之意为以自然处之；即俗世追逐名声利欲，我之心却独守道之清净无为。所谓，君主无为而民自化之，君主好静而民自清正；君主无事而民自富足，君主无欲则民自朴素。③

① 《老子道德经河上公章句》，王卡点校，中华书局，1993 年，第 144 页。
② 《老子道德经注校释》，王弼注，楼宇烈校释，中华书局，2008 年，第 91 页。
③ 宋常星：《太上道德经讲义》，《藏外道书》（第一册），巴蜀书社，1994 年，第 801 页。

心解

作为《道经》部分的最后一篇，本章似乎又回到了阐述"道是什么"的层面上。本章注文的主旨可以归纳总结为——道常无为而天下自正。刘一明认为，此章的关键在于"道常无为而无不为"八字①。从道家哲学这一角度来说固然无误，但若从玄宗注的特色来看，"天下自正"是本章重点，因此我们也将从理国的角度对玄宗注进行讨论。

唐玄宗在本章注开始便重申了"妙本"的位置，他在此处直接将"妙本"等同于最初的虚极之体。"妙本"清净，其实就是虚极之体本清净。正如前文提到过的，"道"是老子勉强为虚极之体命名的字；那么唐玄宗自然也可以用他自己所创造的"妙本"一词来形容虚极之体。道本清净，故常无为；万事万物因之而生，但道却不居生养之功，故可至无不为而长长久久之地位。玄宗抓住了《道德经》的逻辑论证体系，其论述层层降维而又环环相扣于道。

唐玄宗从道本体生发开后言及天地万物，再到圣人（玄宗注中为"人君"），最后再落至臣民。几者之间的维系是道，具体可以用"应心应物"四个字来形容。因为"应心应物"，故人君以常道来理国而臣民服之；同时臣民也能感应人君的常德，以德辅佐、宾服于君上。这就是玄宗对于"侯王若能守，万物将自化"的解释。尽管各个链条环节皆讲求顺化自然，无所分别；但正如道处于源始地位，道贵清净无为，故有为之行属智，应处于此链条之下。所以有道之士用道，顺势利为却也不违背大义。因此，人君以此道来统治臣民合法且合理；若臣民欲有为，君王能够以道教化之。这就是玄宗对"吾将镇之以无名之朴"的解释。

最后，唐玄宗将本章中的理国理论进一步扩伸。他认为，君上纵使可以用道来镇抚百姓，但此终究属于"有"之行为，正如上章所言，此"权"违经。君王可以有违背道本的行为，但需秉承道本空虚之理。之后要有所抛弃，正如指月之手，寻月而去手。君王镇抚百姓后要戒除以此寻有迹的行为，淡泊清净，如此，天下才能自我清正。

---

① 《道德经会义》（卷二），素朴散人悟元子注，嘉庆八年榆中栖云山藏板，第28～29页。

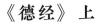

《德经》上

上德不德章第三十八

上德不德，是以有德；下德不失德，是以无德。

德者，道之用也。庄子曰："物得以生谓之德。"时有淳醨，故德有上下，上古淳朴，德用不彰，无德可称，故云不德，而淳德不散，无为化清，故云是以有德；逮德下衰，功用稍著，心虽体道，迹涉有为，执德可称，故云不失。迹涉矜有，比上为粗，故云是以无德也。

上德无为而无以为，

知无为而无为者，非至也。无以无为而无为者，至矣。故上德之无为，非徇无为之美，但含孕淳朴，适自无为，故云而无以为，此心迹俱无为也。

下德为之而有以为。

下德为之者，谓心虽无为，以功用彰著而迹涉有为，故云为之。言下德无为而有所以为，此心无为而迹有为也。

上仁为之而无以为，

仁者，兼爱之名。下德衰而上仁见，所以为兼爱之仁，故云为之。行仁而忘仁，亦欲求无为，故云而无以为，此则心有为而迹无为也。且上仁称无为者，据迹欲无为而方上义尔，未可以语下德之有为也。

上义为之而有以为，

义者，裁非之义，谓为裁非之义，故曰为之。有以裁非断割，令得其宜，故云而有以为，此心迹俱有为也。

上礼为之而莫之应，则攘臂而仍之。

六纪不和，则为礼以救之，故曰为之。礼尚往来，不来非礼，行礼于彼而彼不应，则攘臂而怒，以相仍引也。

故失道而后德，失德而后仁，失仁而后义，失义而后礼。

失道者，失上德也。上德合道，故云失道。夫道德仁义者，时俗夷险之名也。故道衰而德见，德衰而仁存，仁亡而义立，义丧而礼救，斯皆适时之用尔，故论礼于淳朴之代，非狂则悖；忘礼于浇醨之日，非愚则誙。若能解而更张[1]者，当退礼而行义，退义而行仁，退仁而行德，忘德而合道，人反淳朴，则上德之无为也。

夫礼者，忠信之薄而乱之首。

制礼者，为忠信衰薄而以礼为救乱之首尔。用礼者，在安上理人，岂玉帛云乎哉[2]？

前识者，道之华而愚之始。

识者，人之性识也。谓在人性识之前，而制此检外之礼，虽欲应时，实丧淳朴，故云道之华。礼以救乱，所贵同和[3]，而失礼意者，则将矜其玉帛，贵其拜跪，如此之人，故为愚昧之始。

是以大丈夫处其厚，不处其薄；居其实，不居其华。

有为者，道之薄；礼义者，德之华。故圣人处无为之事，其厚也，不处其薄矣；退礼义之行，其华也，自居其实矣。

故去彼取此。

去彼华薄，取此厚实。

注

[1] 解而更张，典出《汉书·董仲舒传》："窃譬之琴瑟不调，甚者必解而更

张之，乃可鼓也。"原意指调整乐器上的弦，使奏出的声音和谐，比喻变更策略、计划或办法。

［2］见《论语·阳货》："子曰：'礼云礼云，玉帛云乎哉？乐云乐云，钟鼓云乎哉？'"

［3］见《论语·学而》："有子曰：'礼之用，和为贵。先王之道斯为美。小大由之，有所不行。知和而和，不以礼节之，亦不可行也。'"

心解

本章注唐玄宗通过比较道、德、仁、义、礼在无为与有为境界上"下衰"的过程，主张退仁、义、礼而反于道、德，退有为之形式（华、薄），反无为之内容（厚、实）。

唐玄宗认为，德是道之用，道为德之体。庄子说，物因之而得以生谓之"德"。德有上下之别，上古时期的人自然淳朴，统治者"德"的功用无需刻意彰显，所以说"上德不德"，但淳朴之德一直自然存在，即"有德"。等到后来，淳朴之德衰减，统治者德的功用就慢慢彰显出来了，心想体道而行动有为，所以"不失德"。行动涉于有为并又以此矜夸，较之于上德为粗浅，所以是"无德"。

知无为之义而刻意无为尚不是最高境界，不刻意而行动自然才最为高明。所以上德之无为，不是刻意追寻，而是蕴含淳朴之质，自然至于无为，这种境界是思想（心）与行动（迹）双重性的。下德之所以为下，是因为行为主体虽然思想上追求无为，但是他想要刻意彰显功用，所以行动上不免有为。德又下衰，仁义彰显。下德衰减之后上仁凸显，此即"兼爱之仁"，所以老子说上仁"为之"，仁意味着爱人，兼爱天下之人。行仁之人能忘仁，也是一种行动上的无为，所以说是"无以为"，唐玄宗谓之"心有为而迹无为"。上仁能称"无为"，是根据其行动上的无为方称为"上"。在境界上，"上仁"的"迹无为"与"下德"的"迹有为"尚不可同日而语。

"义"，有裁断是非之义，所以说"为之"。有裁非断割之举，必定想达到所裁之是非皆得其所宜的结果，所以说"有以为"。在境界上，"上义"是心迹俱有为。在唐玄宗看来，礼起源于救六纪不和，这似乎与荀子的礼起于"定分止争"有一定的关联。礼尚往来，来而无往非礼，如果行礼者施礼于对方而对方无应，便容易有强迫他人就礼之举,这在境界上又次于上义。道、德、仁、义、礼在境界和层次上是层层衰减的,境界最高的是道,道是上德,所以失道也即失上德。道衰减德就彰显,德衰减仁就凸显,仁消亡义得以立,义消亡就要依靠礼来救之,这些之所以得以彰显,是因为它们适应各自时代之急需。所以,在淳朴之上古时代追求礼,不是狂妄便是悖谬;在道德浇醨的时代忽略礼之功用,不是愚蠢便是激进。统治者如能斥退礼而通行义,再斥退义而行仁政,后斥退仁政而行德治,最终达到忘掉德治而合于道治,人们就能返回上古的淳朴自然之境界了,这就是老子所谓的"上德之无为"。

创制礼制之人最初是因为忠信衰微薄弱之后,将礼作为救世道之乱的首选工具,推行礼治的目的在于安定君王、理顺下民,又岂是那些表面上的、形式化的玉帛钟鼓呢?所以唐玄宗认为这种约束人身之礼虽然是应对时弊的工具,实际上使人丧失了淳朴之性,所以是"道之华"。"礼之用,和为贵",礼的作用是救世道之乱、使之恰到好处,也就是实现内容与形式的统一。不明制礼之本意而推行礼的人们只是看重了玉帛、钟鼓、跪拜那些形式化的和外在的东西,若因别人不从礼而又强迫其从之,便会成为世道愚昧的开端。老子在内容与形式的关系方面似乎更看重内容、忽略形式,唐玄宗认为有为和礼、义是道之薄、德之华,故圣人不取,圣人取厚和实而处,这就是无为和道、德。

我们还可以借孟子"由仁义行,非行仁义"的说法来理解上德之心迹俱无为与下德的心有为而迹无为之别,上德可以说是"由无为行,非行无为",下德则是"行无为,非由无为行"。上德的无为与行动主体合二为一,而并非在其身外与行动主体判然为两个东西,下德则相反。

本章注文有以儒解老之义。儒家认为礼的内容是"仁",内容与形式结合得恰到好处就叫做"和",但儒家同时认为,即使是为了"和"这样一个善的目的和结果,如果不以礼节制过程和手段,也是不行的,即目的并不能使其手段正当,这似乎颇有一点现代西方政治哲学"程序正义"的意味。① 总之,儒家思想处处体现"中庸"。只是,唐玄宗这里以儒解老,似乎不太符合老子原意,因为老子更看重内容这个"实",明显忽略形式之"华",而儒家则主张内容与形式相得益彰。

---

① 蒋庆、盛洪:《以善致善:蒋庆与盛洪对话》,福建教育出版社,2014 年,第 83 ~ 84 页。

昔之得一章第三十九

昔之得一者，

一者，道之和，谓冲气也。以其妙用，在物为一，故谓之一尔。

天得一以清，地得一以宁，神得一以灵，谷得一以盈，万物得一以生，侯王得一以为天下正。其致之。

物得道用，因用立名，道在则名立，用失而实丧矣。故天清、地宁、神灵、谷盈，皆资妙用以致之，故云其致之。

天无以清将恐裂，地无以宁将恐发，神无以灵将恐歇，谷无以盈将恐竭，万物无以生将恐灭，侯王无以贵高将恐蹶。

得一者，不可矜其用，故诫云。天无以其清而矜之，将恐分裂；地无以其宁而矜之，将恐发泄；神矜则灵歇，谷矜则盈竭，物矜则生灭，侯王矜其贵，则将颠蹶矣。圣教垂代，本为生灵，虽远举天地之清宁，而会归只在于侯王守雌用道尔，故下文云。[1]

故贵以贱为本，高以下为基。

侯王贵高，兆民贱下，为国者以人为本基，当劳谦以聚之。令乐其恺悌之化[2]，不有离散。

是以侯王自谓孤寡不穀。此其以贱为本邪？非乎？

孤寡不穀，则凡情所恶，侯王自称，以谦为本。非乎者，明是以贱为本尔。

故致数舆无舆。

数舆则无舆，轮辕为舆本；数贵则无贵，贱下为贵本。辕为舆本，当存辕以定舆；贱为贵本，当守贱以安贵。将戒侯王，以贱为本，故致此数舆之谈也。

不欲琭琭如玉，落落如石。

琭琭，玉貌；落落，石貌。以贱为本。

注

[1] 唐玄宗这句评论可谓一语中的。（老子之言主要示于侯王，以使侯王"守雌用道"。）

[2] 恺悌，和乐平易之意。恺以强教之，悌以悦安之。

心解

本章注文主要借表达道之冲和妙气之作用，告诫人君当取谦退守雌之态度，以民为本，方得民心。

唐玄宗主张"昔之得一"中的"一"是道之和的状态，是"冲气以为和"的"冲气"，是道之奇妙的生成作用。因为道之奇妙作用于物，物才成为一物，所以谓之"一"，在他看来，这个"一"其实就是"德"，是物之所以成万物的那个东西。万物得道之奇妙的生成作用而得以立名成为自身（实），因为有道的作用，万物之名而得以确立；如果没有道的作用，万物自身（实）也就不存在了，所以天之清明、地之宁静、神之灵妙、谷之盈满，都是凭借道之奇妙的生成作用——"一"而实现的。

唐玄宗认为，老子之所以提出六个"无以"和"将恐"，是警戒"得一"者不可矜炫"一"的结果与作用，而应守本、重本。否则，天没有它的清明而矜炫"一"的作用就要分裂，地没有它的宁静而矜炫就要发泄，神无其灵妙而矜炫就要歇灭，谷不盈满而矜炫就要枯竭，万物矜炫生命就要灭亡，侯王矜炫其高贵就要没落。老子立言垂世就是为天下生灵考虑，虽然远举天之清明、地之宁静，但最终是为了让侯王守雌、用道治国而已。虽然侯王地位高贵、兆民卑贱，但由于荀子讲过君为舟、庶民为水的话，唐太宗也有类似提法，所以唐玄宗也主张治国者当以民为根本和基础，执守谦退之道，凝聚民心，让老百姓欣乐于人君和乐平易之政治教化，而不至于与君离心离德。中华民族有谦虚内敛的性格，像孤、寡、不谷，这此都是为凡俗之情所厌恶的，侯王却以它们自称，这就是以谦逊为本。老子用了一句反问"非乎"，事实上是对以贱下为本之意加重的肯定。

老子说"数舆无舆"，唐玄宗将这句话引申解释为以民为本。他认为轮和辕为舆之本，在车这个整体中，有的构件在高处，有的在低处，它们共同组成了车这个整体，高者贵、低者贱，如果所有构件都想要在高处，则无以成车。同理，如果人人都争高贵，那便没有高贵，所以贱下为高贵之本。既然辕为舆之本，辕牢固那么车身也就稳定了；既然贱下为高贵之本，侯王应当赢得贱民之民心，那么侯王的高贵地位也就安稳了。老子说"数舆无舆"，就是在警示侯王当以贱下谦退为本、以民为本。侯王不应该像瑑瑑之玉一样自矜其高，而应如落落之石一样，执守贱下谦退之本。

说到我国古代的政治治理实践，刘泽华认为，以民为本的民本思想从未真正落到实处，如葛荃就提出，民本是手段，君本是归宿。[①] 本者，基本、根本也，以民为本强调民是国家兴衰成败的基本力量，但本并不是中心、也不是终极的价值依归，那个最高的、超越性的价值依归不是民，而是天。只不过，天的超越性价值及其意志除了降灾异就只能通过民心、民意来表达和显示，这就是"天视自我民视，天听自我民听"，民本在传统民本思想中只是手段。历史发展到新时代，新发展理念也从"以人为本"发展到"以人民为中心"，人民成为政治的目的和归宿，这其中包含了深刻的政治哲学内涵和治理理念。

反者道之动章第四十

反者，道之动；

此明权也。反者，取其反经合义。反经合义者，是圣人之行权。行权者，是道之运动，故云反者道之动也。

弱者，道之用。

此明实也。弱者，取其柔弱雌静。柔弱雌静者，是圣人处实。处实者，是道之常用，故云弱者道之用也。

天下之物生于有，有生于无。

---

① 葛荃：《走出王权主义藩篱：中国传统政治文化研究》，天津人民出版社，2017年，第35页。

天^[1]实之于权，犹无之生有，故行权者贵反于实，用有者必资于无，然至道冲寂，离于名称，诸法性空，不相因待，若能两忘权实，双泯有无，数舆无舆，可谓超出矣。

注

[1] 天：疑当作"夫"，于义见长。

心解

本章注文唐玄宗援引佛学和重玄学的思想，主张学习圣人行权处实、柔弱雌静、资无用有。同时，他按照重玄学的思维方式提出，连行权处实和资无用有之心也不要有。

注文大意是说，事物向相反方面的变化发展或者办事情采取了相反的策略，属于道的运动和作用，是一种"权变"的方略。采取权变的方略，虽反于经但合于义，看似背离常道，却是圣人为了大道之运行而行的权变。圣人行权变是道的运动和作用的表现，所以老子说"反者，道之动"。"弱者，道之用"讲的是道之"实"，也就是道的本质、实际和真实。"弱"，取道柔弱雌静之通义。柔弱、雌静是圣人处实，圣人执守柔弱雌静才是道的恒常表现和永恒作用。

处实相对于行权来说就像无之生有的道理一样，无是本，有是末，处实为本，行权为末，虽然圣人于情非得已之时行权，但更可贵的是其能反于柔弱雌静之实，就像运用"有"必须凭借"无"作为本一样。大道冲虚，寂兮廖兮，难以为名。世间诸法没有独立存在的自性，诸法本性是空，故只能依靠因缘和合而生。所以，如果圣人能将权与实都忘掉，将用有与资无之心都泯灭掉，才算是最高明的境界。

卢国龙认为，重玄之道既指解注《老子》的一个学术流派，也指一种思想方法，是对玄学贵无、崇有二论的扬弃，也是玄学理论的深化和发展。① 以本章注为例，唐玄宗主张两忘权实、双泯有无，即处实是对行权的遗忘，现在我们连处实也要遗忘掉，不着意思，并且连对实遗忘的心也不要有；众人执着于有，"贵

---

① 卢国龙：《中国重玄学：理想与现实的殊途与同归》，人民中国出版社，1993 年，第 1 页。

无论"者执着于"无",这是对"有"的一种遗忘,现在我们对"贵无论"者也要再次超越,并且连超越之心都不要有,这便是"有无双泯"重玄学的思维方式的表现。简列公式如下:

$$权 \rightarrow 实 \rightarrow 两忘权实、非权非实(两忘)$$
$$有 \rightarrow 无 \rightarrow 双泯有无、非有非无(双遣)$$

　　唐玄宗解释《道德经》有明显借助重玄学和佛学的思想资源与思维方法之处,特别是用佛教大乘空宗的"不落两边"的中道思维方式解老[1],本章便是。这种借助和援引自然不免有误读老子之处。吕锡琛教授认为,重玄学既是一种思辨性很强的哲学理论,又具有很强的实践性和操作性。它既不同于坐而论道、纯粹思辨的玄学,又超越了囿于操作层面的道教修行方法,虚实并重、学用结合,在注重学理层面的建构和学习的同时,也将其理论用于指导修行和政治治理实践。[2]因此,唐玄宗带着自己的问题意识,运用重玄学的思维方式,且又融入了自己的政治实践思考所得,做出了极富新意的解释,这种解释很难说是老子的意愿,而毋宁说主要是他自己的看法。但这种误读实乃具有一定的"创造性",有他自己的新意在其中。对于学术思想发展和治国理政的实践来说,这样的解读是很有意义的。

上士闻道章第四十一

上士闻道,勤而行之;

　　了悟故勤行。

　　① 何建明:《道家思想的历史转折》,华中师范大学出版社,1997年,73~74页。
　　② 吕锡琛:《善政的追寻——道家治道及其践行研究》,人民出版社,2014年,第311页。

《德经》上

中士闻道，若存若亡；

中士可上可下，故疑。疑则若存若亡。

下士闻道，大笑之，

迷而不信，故笑。

不笑不足以为道。

不为下士所笑，不足以为玄妙至道也。

建言有之：

建，立也。将欲立言，明此三士于道不同。

明道若昧，进道若退，夷道若颣。

上士勤行，于明若昧，于进若退，于夷若颣[1]，故中士疑而下士大笑之。

上德若谷，

虚缘而容物。

大白若辱，

纯洁而含垢。

广德若不足，

大成而执谦也。

建德若偷，

立功而不炫。

质真若渝。

淳一而和光。

大方无隅，

不小立圭角。

大器晚成，

且无近功。

大音希声，

不饰^[2]小言说。

大象无形。

故能应万类也。

道隐无名，

功用不彰，无名氏。

夫唯道，善贷且成。

虽隐无名氏，而实善以冲和妙用资贷万物，且成熟之。

注

[1] 纇，丝上的疙瘩，引申为毛病、缺点、坎坷、曲折等。

[2] 饰，通"饬"，整治、整饬义。

心解

老子认为，在对于道的了悟程度问题上，人可以分为三类：上等人听闻大道能做到勤恳地行道，中等人听闻大道后有信有疑，下等人听闻大道则是哈哈大笑且根本不信。唐玄宗据此认为，上等人之所以能够做到勤恳地行道，是因为其对道达到了了悟的境界，可以做到知行合一；中等人勤于修道的则可上达、放弃自身努力的则下疑，故对道有信有疑；下等人一生迷执，根本不信大道，所以如若不被下等人嘲笑，大道就不足以称为玄妙之至道了。

由于这三类人对大道的了悟以及践行的态度有根本不同，老子立言表达了明道若昧、进道若退、夷道若纇等一系列的正话反说。上等人了悟大道之后坚信不疑且勤于行道，他们践行明道好像暗昧、前进好像倒退、行平坦之道好像遍地崎岖不平一样谨慎小心。从道的角度和境界来说，最崇高至上的德因为其虚而能容物则好像川谷一样卑下，最高洁纯净的人因其纯洁可以净人，便似水荡涤污浊一样而含垢。大成之德因其采取谦下不争的态度，所以好像不圆满。建功立德的人好像功德是偷来的一样而不炫耀，质朴真淳、和光同尘的人因为随缘应物之故，好像随时都在改变自己一样。最方方正正、不恃棱角的人，好像显得没有原则和

棱角。道就是这样，它的功用巨大却不彰显，因而隐没无名号。方便起见，我们只能勉强给它起个名号叫"道"。道虽然隐没无名号，却善于以其冲和妙用资助万物生成并成熟。

在中国思想史上，不乏有学者主张"性三品"说，如董仲舒、王充和韩愈。董仲舒主张人性分为上、中、下三个品级，上品的"圣人之性"接近于全善，下品的"斗筲之性"接近于纯恶，中品的"中民之性"可善可恶。了悟大道是一种完全的善，不了悟则是恶。唐玄宗似乎也认为上等人了悟大道是，善；中等人半信半疑，所以可善可恶；下等人一生执迷不悟，是恶。道家看似对人性失望，其实有着一副救世的热心肠，所以尽管他们失望但并不绝望，于是老子主张"不善人，善人之资"（二十七章）、"不善者吾亦善之，德善"（四十九章），唐玄宗主张圣人当以"善行、善言、善计、善闭、善结"五善之教教人、救世，所以没有抛弃不善之人的现象发生。因为在他们看来，恶人绝非毫无用处，至少他们可以作为善良人的借鉴。

道生一章第四十二

道生一，一生二，二生三，

一者，冲气也。言道动出冲和妙气，于生物之理未足，又生阳气，阳气不能独生，又生阴气。积冲气之一，故云一生二；积阳气之二，故云二生三也。

三生万物。

阴阳含孕，冲气调和，然后万物阜成，故云三生万物。

万物负阴而抱阳，冲气以为和。

万物得阴阳冲气生成之故，故负抱阴阳，含养冲气，以为柔和也。

人之所恶，唯孤寡不穀，而王公以为称。

万物皆以冲和之气为本，而冲气和柔，守本者当须谦卑柔弱，故王公至尊而称孤、寡、不穀者，以谦柔为本故也。

故物，或损之而益，益之而损。

自损者，人益之；自益者，人损之。

人之所教，亦我义教之。

老君云，人君所欲立教教人者，当以吾此柔弱谦卑之义以教之。

强梁者不得其死，

强梁之人，动与物亢[1]，求益而损，物或系之，故不得其死。

吾将以为教父。

吾见强梁者亡、柔弱者全，故以柔弱之教为众教之父也。

注

[1] 亢：过甚、极度。

心解

本章注通过描述"道生一、一生二、二生三"的宇宙生成过程，说明万物皆以冲和妙气为本，以戒人君当守柔弱谦卑之教，避免成为强梁之人。

唐玄宗对"道生一、一生二、二生三"这句话的解释不同于既往的王弼、河上公诸家，他的解释颇有新意。他认为"道生一"中的"一"指的是冲气（冲和之妙气），"道生一"就是指道的运动生出冲气（"一"），但仅有冲气对于生成万物的道理尚不足够，于是冲气（"一"）生出阳气（"二"），加上冲气这个"一"本身，这个过程就是"一生二"。阳气不能独自生成万物，于是冲气与阳气相结合又生出阴气（"三"），这个过程便是"二生三"。阴气与阳气相结合，有一个含养孕育的过程，冲气再加以调和，然后万物丰富成熟，这个过程便是"三生万物"。万物得阴阳结合、冲气加以调和以生成之故，所以怀抱阴阳、含养冲气，以得柔和。

世间万物都以冲和之妙气作为存在的根本，而冲气是和柔的，所以懂得守本之人应该谦卑柔弱以处世。像孤、寡、不穀这些词，凡俗之情都是不喜欢的，地位至尊的王、公、诸侯之长都自称"孤王""寡人""不穀"。所以为人在世，如果自我减损，人们就会增益他；如果自满自益，人们就会攻击、损害他。人君想

要立政教理国并教化万民，当以柔弱谦卑之教义治国教民。唐玄宗最后告诫道，强梁之人最终亡身，柔弱谦卑之人反得以自我保全。

天下之至柔章第四十三

天下之至柔，驰骋天下之至坚，

天下之至柔者，正性也。若驰骋代务，染杂尘境[1]，情欲充塞，则为天下之至坚。

无有入于无间，吾是以知无为之有益。

无有者，不染尘境，令心中一无所有。无间者，道性清净，妙体混成，一无间隙。夫不为可欲所乱，令心境俱静，一无所有，则心与道合，入无间矣。故圣人云，吾见身心清净则能合道，是知有为之教不如无为之有益尔。

不言之教，无为之益，天下希及之。

言天下众教，少能及之者。

注

[1] 尘境：佛教认为，人身上有六个认识和感觉外在世界与事物的器官，即眼、耳、鼻、舌、身、意（"六根"），"六根"分别对应六种认识能力即"六识"：眼识、耳识、鼻识、舌识、身识、意识。"六识"根据对所认识和识别之物与对象作用的不同，可分为色、声、香、味、触、法六种境界，简称"六境"，又叫"六尘"，尘境也就泛指外在世界。

心解

本章注文主要从坚守清静无为的道性并使之合于道的角度出发，发挥了老子的无为不言之教。

老子说"天下之至柔，驰骋天下之至坚"，唐玄宗认为这句话里的"至柔"指的是人人生下来都有的、由道之冲和妙气造就的"正性"，由于冲气和柔，所以人的正性本来是柔弱的。奈何人在成长的过程中，日复一日为世俗名利、声色犬马之欲奔竞不息，人之正性也就被欲望所充满和堵塞，于是本来至柔的正性反倒成了至为坚硬刚强的东西。

"无有"指人的正性不染着于外在世界，令内心中一无所有，达到空灵的境界。唐玄宗使用"道性"一词，指人生下来都具有柔弱谦下、尊道贵德、清静无为的本性。道性是清净的，它由冲和妙气混然生成，所以毫无间隙可乘。那些不被各种欲望所扰乱之人，能令自己的心与外在世界俱达清静境界、心外一无所有，自然外界的各种事物与欲望均不能扰乱它。所以老子认为，我们看那身心清净之人能与道合一，便知有为之教义不如无为之教义对人更有益处。不言之教义，无为之益处，天下众多教义，罕能与之相匹敌。

老子书中讲到过"攻坚强者莫易于水"，"天下之至柔，驰骋天下之至坚"一句，当是由水滴石穿的生活经验抽象凝练出来的哲理，而不是唐玄宗所谓的正性驰骋于凡尘俗务则为天下之至坚之义。不过，唐玄宗在这里使用"正性"和"道性"的说法虽系对本章经文的误读，但也有其积极的意义。

第一，既然人人都有正性、道性，便可以帮助向道者、修道者树立修道的信心。第二，尽管人人都有，但道性不能天然达到清静无为、与道合一之境地，它只是一种得道的可能性，还需要经过一番修心的功夫和努力，使心不为外界事物和自己的情感欲望所扰。道性不能自成，这一点能激励修道者精进不息。

名与身孰亲章第四十四

名与身孰亲？

名者，实之宾，代人徇名以亡身，设问谁亲，欲令去功与名而全其真尔。

身与货孰多？

徇名者将以求财，财得而亡身，设问孰多，欲令掷玉毁珠以全其和。

得与亡孰病？

问得名货与亡名货，孰者病其身。

是故甚爱必大费，多藏必厚亡。

甚爱名者，必劳神，非大费乎？多藏货者必累身，非厚亡乎？

知足不辱，知止[1]不殆，可以长久。

知足者，不甚爱；知止者，不多藏。既无辱殆，故可长久。

注

[1] 原文为"上"，据注文，经文该句中的"上"字当为"止"字之误，据改。

心解

"名实"之辩在先秦名家、后期墨家以及《荀子》的个别篇章讨论较多。本章注文借"名实"话题入手，主张去功名、轻财货而全身保真。

唐玄宗借注文"名者，实之宾"表达了他的名实观。名与实是一对辩证矛盾，概念（名）相对于它"所指"的那个对象来说，是矛盾的次要方面。世人愚痴，穷尽一生追逐功名利禄，甚至矜徇功名而亡身，实在是分不清轻重主次。老子设问"名与身孰亲"，教导人们去除功名利禄之欲心，保全最本真的东西，活出人生的真谛。

矜徇名利之人，一定会孜孜不倦地追求财富，财富得到了，自身也疲累将死。有财富之人一天到晚都心惊胆战地活着，生怕被贼盗窃取，这样的状态岂不就是"亡身"吗？老子设问"孰多"，用意很明确，无非是强调身比财货和名利都更加重要，他想要人们抛弃玉石珠宝以保全自身的天和。老子又问，得到名与利和失去名与利哪一个对自身伤害更大呢？言外之意得到名与利对自身的伤害更大。特别爱护名声名誉之人，必定劳神费心，这对心神难道不是一种巨大的耗费吗？醉心于蓄积大量财货之人，必定会累及自身且招惹祸患，此即"多藏必厚亡"。

注文末，唐玄宗告诉我们，人们对于名声名誉之爱适度就好，这样才不会常有受辱之感；蓄积财货知道一个限度，才不会给自身带来危险。不被受辱之感和财货之危殆所累，才能长久。

大成若缺章第四十五

大成若缺，其用不弊；

学行大成，常如玷缺，谦则受益，故其材用无困弊之时。

大盈若冲，其用不穷。

禄位盈满，常若冲虚，俭不伤财，故所用不穷匮。

大直若屈，

直而不肆，故若屈。

大巧若拙，

巧不伤于分外，故若拙。

大辩若讷。

不饰小说，故若讷。

躁胜寒，静胜热，清净为天下正。

于躁胜者则寒。寒，薄也。于静胜者则热。热，和也。故若屈者大直，清静为正矣。

心解

本章注文唐玄宗通过解释老子"反者，道之动"等一系列表述，表达了他谦退不自满、清静无为的政治主张。

唐玄宗认为，那些学问和品行有大成之人，常常觉得自身并不完美，这样的谦逊态度自然会深受其益，所以他们的本事与功用没有困顿竭尽之时。有较高俸禄与爵位之人，常常像财物匮乏般生活节俭，所以他们的财用就不会穷匮。那些秉性极其坦率和正直之人不会过度张扬其正直，反而看起来好像很枉曲无原则一样。那些最高明的巧匠，如"缘督以为经"的庖丁之类，他们只是根据工具的性能和所加工对象的属性施展其技巧，并不超出二者的性分之外，貌似很笨拙。那些最能言善辩和深明大道深意之人不会长篇大论，因其寡言少语而好似木讷口拙，但这才是真正的"大音希声"和"大辩之才"。

注文最后唐玄宗总结道，在躁动方面略胜一筹的人，终会觉察到逼仄的困境；在安静方面稍胜一筹的人，最终会获得热，而热就是一种中和。所以，看似枉曲无原则之人其实是真正的大正直，清静无为的君主才是天下真正的好领袖。唐玄宗的结语有盛极而衰的意味，勉强可通。任继愈说，躁，《说文》作"趮"，指疾走，跑跑跳跳可以不冷，"躁胜寒"与下文"静胜热"正相对照。[1]"反者道之动"是老子最重要的主张之一，从相反的方面去理解问题和事物才更符合老子的辩证法，所以唐玄宗对"躁胜寒，静胜热"一句的理解很可能是误读。

这一章也是在申说"反者道之动"的辩证法以及统治者应清静无为理国的道理，可与《上士闻道章第四十一》的注文对照理解。但老子本章中的经文实际上内涵更丰富、更抽象，外延更广泛，泛指一切大成、大盈、大直、大巧、大辩，就像老子谈论"道"最终要落脚到政治上一样，这些泛指的大成等词汇最终也是要落至清静无为。但是，唐玄宗的注文明显将它们的内涵与外延窄化、具体化了，如他将"大成"理解成学问品行大成之人，难道老子的"大成"未包括天地间的万物如大自然的鬼斧神工？他将"大盈"单纯地理解为俸禄爵位的盈满，未免有失《道德经》本身的形而上学意味，况且《道德经》中的"盈"字有实指时尚多指称川、谷，其实老子是以川、谷喻"道"。本章注明显将老子原文窄化、具体化和实指化，由于前一部分解读不当，得出的结论自然也不符老子原意。

---

[1]　任继愈：《老子新译》，上海古籍出版社，1985年，第157页。

天下有道章第四十六

天下有道，却走马以粪；

天下有道之主，无为化行，既不贪求，故无交战，屏却走马之事，人得粪除田园。

天下无道，戎马生于郊。

天下无道之君，纵欲攻取，故兵戎士马寄生于郊境之上矣！

罪莫大于可欲，

心见可欲，为罪大矣。

祸莫大于不知足，

求取不已，为祸大矣。

咎莫大于欲得，

殃咎之大，莫大于欲，于欲必令皆得，皆得则祸深，故云咎也。

故知足之足，常足矣。

物足者，非知足；心足者，乃知足。心若知足，此足则常足矣。

心解

本章注文唐玄宗主要表达了自己反对战争的态度以及佛教式的价值观，主张人要在心上做工夫，做到知足常足。

有道之君以无为之治化众人之行，既无贪求之心，也就没有攻占掳掠之事，摒弃策马攻战之事，士兵和战马就得以休养生息，耕耘于田垄之上。无道之君又是什么样的呢？放纵私欲，攻取杀伐掳掠不休，兵马苟生于野外。心中有私欲显现是最大的罪恶，因私欲而求取不已是最大的祸患。人的天性是希望所有的欲望都能得到满足，如果以此为出发点，祸患就会加深，所以殃咎之中没有什么比欲望太多更为严重。对物欲的满足不是真正的知足，心有满足、无欲无求才是。

佛教认为，贪、嗔、痴"三毒"为人世间所有痛苦和灾祸的根源，因此教世人以灭除之法，谓之"四谛"（苦、集、灭、道）。唐玄宗认为，灭除"三毒"之苦与人的各种可欲当从心上下功夫。既然"心见可欲为罪大矣"，便不妨"不见可欲，使心不乱"，但人既生而为人，自然有最起码的自然欲望如食欲、男女之欲、求生之欲等，又怎么能做到"不见可欲"呢？细说起来，唐玄宗并不一概反对人的基本欲望，他反对的是"于欲必令皆得"，而如若希望所有的欲望都能得到满足，则为祸深矣、大矣。借用《不尚贤章第三》中的术语，他所反对的是"难得之货"，也就是"性分所无"的东西，而人最起码的自然欲望乃人人性分中所当有的，并不在他的反对之列。借宋儒的话来说，饮食男女，人之大欲，此乃天理，焉可以绝之？

"戎马生于郊"一句的注文当属误读。老子的原意当指，天下无道之时，攻取杀伐太多，战马不够用，连怀着孕的牝马都要上前线，所以于郊境之上产下马驹。桑弘羊于《盐铁论》中说："闻往者未伐胡越之时……农夫以马耕载，而民莫不骑乘；当此之时，却走马以粪。其后，师旅数发，戎马不足，牸牝入阵故驹犊生于战地。"[1]"牸牝入阵故驹犊生于战地"正是"戎马生于郊"之意。怀孕的牝马尚且如此，兵戎的状况就更可想而知了。但唐玄宗却将本句错解为"兵戎士马寄生于郊境之上"，使人以为在表达"天下无道"的程度与感情色彩时，不如前者更为准确与强烈。

不出户章第四十七

不出户，知天下；不窥牖，见天道。

垂拱无为，不出教令于户外，是知理天下之道。人事和则天象顺，故不烦窥牖而天道可知。

---

[1]　王利器：《盐铁论校注》，中华书局，1992年，第190页。

其出弥远，其知弥少。

若不能无为，假使出令弥远，其知理天下之道弥少。

是以圣人不行而知，

不出户，故云不行。无为淳朴，而知为理之道。

不见而名[1]，

不窥牖，故云不见。人和天顺，而能名其太平。

不为而成。

不为言教，而天下化成。

注

[1] 本句注文原文既为"而能名其太平"，则唐玄宗所见《道德经》本句注文对应的经文原文即"不见而名"。但按《道德经》全书行文习惯来说，此处"名"当为"明"字，《韩非子·喻老》引本句经文正作"明"，又见二十二章"不自见故明"，五十二章"见小曰明"，皆为见、明连用之证。

心解

本章主要讲人君无为而治的表现及其效果。唐玄宗认为，端坐拱手，无为而治，不出政教法令于宫门之外，这是懂得治理天下之道的君主应有的做法。君主之所为恰到好处，那么天上的日月星辰的运行便会呈现有序的瑞象以相应，所以无需窗户中观察天象便知天道运行有序。何以人君把人为之事做到恰到好处，天就应之以和顺之象？这大概只有用董仲舒式的"天人感应"理论才能解释得通："是故人之身，首妾而员，象天容也；发，象星辰也；耳目戾戾，象日月也；鼻口呼吸，象风气也……"① 那么人世间最有资格像天的人，只能是地位最高的统治者，因为他是"天子"。天子要做的事情无非是理身、理国，理身之事做好了，则理国之事可推而知，理国之事和顺则天象应，故可推知天道运行有序而无需窥牖。

---

① 苏舆：《春秋繁露义证》，钟哲点校，中华书局，1992年，第355页。

如果人君不能无为而治，使出政教法令以理国，那么假如政教法令通达的范围越广，就说明人君懂得的治理天下之道越少。所以上古治国之圣人，政教法令虽不出户，但能做到无为淳朴，顺应人情之常，不扰民，不求功行而功行不减，这才是真正懂得治理天下之道，这就叫"不行而知"。他们即使不窥察天道，但能做好理身之事，则理国之事相应可推而知，天道应之和顺，便有太平之名，这就叫"不见而名"。他们不立细微的言说和政教法令以教民，而天下之风气反因其淳朴无为之风而化成，这就叫"不为而成"。对于老子经文和唐玄宗注，还有一种理解是，人君如果以善教民，天下应之以善，不需要政教法令出宫门，天下的情况就可以知晓，此说亦可通。①

在中国历史上，汉初、隋初、唐初、明初都实行过一定程度上的无为而治。但随着各方面形势的发展变化，藩国势力日益强大、土地兼并、皇权旁落、宗教兴盛等因素日益威胁王朝政治权力的稳定或经济命脉的安全，统治者也会日益"有为"。加之我国传统政治文化中普遍存在"官本位"意识——"君子之德风，小人之德草，草上之风，必偃"，统治者和各级官吏普遍怀有庶民、富民、教民甚至牧民的政绩观，即使有限的无为——不扰民、使民以时、与民休息，对于老百姓来说，也是难能可贵的太平光景了，所以老子和唐玄宗概念中的"无为"在中国历史上从来没有真正得到贯彻，而只有部分地实现。

为学日益章第四十八

为学日益，为道日损。

为学者，日益见闻；为道者，日损功行。益见闻为修学之渐，损功行为悟道之门，是故因益以积功、忘功而体道矣。

---

① 《唐玄宗御制道德真经疏》，《道藏》，第十一册，文物出版社、上海书店、天津古籍出版社，1988年，第785～786页。以下凡引《道藏》，皆为此版本，特此说明。参见《易·系辞上》，子曰："君子居其室，出其言善，则千里之外应之，况其迩者乎。居其室，出其言不善，则千里之外违之，况其迩者乎。言出乎身，加乎民，行发乎迩，见乎远。"

损之又损之，以至于无为，无为而无不为。

为学者，积功行；为道者，忘损之。虽损功行，尚有欲损之心，兼忘此心，则至于泊然无为，方彼镜象而无不应，故无不为也。

取天下常以无事，

无为无事，天下归怀，故可取天下。

及其有事，不足以取天下。

有事则烦劳，烦劳则凋弊，故不足以取天下。

心解

本章注阐发了老子无为无事取天下的道理以及达到无为的方法——忘、损。老子讲为学要用每天增益（日益）的方法，而为道要用"减损"的方法，我们就要明白道不是什么以及为道不当为什么，用冯友兰先生的话说，为道的方法是一种"负的方法"。①

唐玄宗认为，为学之人每天都要增进自己的见闻知识，这是为学的渐次阶梯。而为道之人需要每天减损自己的功德行动，不是不去为功德之行，而是有功行而忘功行，忘功行才能入悟道之门。这就是为学因益以积功、为道忘功而体道的道理。二者的方法正好相反，为学之人积累功行，为道之人忘损功行。在这里，唐玄宗再一次表现出了他重玄学的知识背景和思维方式，对《道德经》做了创造性的理解：虽然提出了"损功行"，但一般的为道之人或许尚有一丝欲损功行之心，真正的为道者就要连这个欲损功行之心一并忘掉（"又损之"），从而达到淡泊无为，以至无不为，就像镜子对它面前的任何人与物的反映一样，虚而能应万物。无为无事的圣王要忘掉功行和欲损功行之心，天下百姓方能归心且怀其德。

至于有为有事之君主，其必有建立功德之心，并希望将此心付诸实施之行动。上有所好，下必应之，有此心、有此行则政事必烦苛，百姓也就劳而不得休息，于是唐玄宗提出了忘损和兼忘此心的方法，警示统治者要用无为无事的方式取得民心。

---

① 冯友兰：《中国哲学简史》，涂又光译，北京大学出版社，1985 年，392～393 页。

我们还可以用"得意忘象""得象忘言"的思维方式来理解唐玄宗的损功行、忘功体道和兼忘欲损之心等说法。事实上，道也好，佛也罢，绝大多数人注定要靠前人流传下来的语言文字作为桥梁和工具，才能渡到"悟"的境界，也就是说绝大多数人的资质决定了他们只能靠努力从渐悟日益达到顿悟，而不能像六祖慧能那样直接顿悟。修道之人处在渐悟阶段时只能靠日益见闻的方式积累功德，等到时日与功德积久，"一旦豁然贯通"，语言文字、日益积功和忘损之心便都不需要了。可以这么说，"日益"和"日损"是在修道不同阶段的方法，不能完全贬低和绝弃"日益"，也不能过度拔高"日损"。在未得道、悟道之前，只能通过"日益"的桥梁，这就是唐玄宗说的"益见闻为修学之渐"。但"日益"的方法与努力到一定程度，必须通过"日损"和"兼忘此心"的"损之又损"的方法和"不努力"，才能达到得道的境界。

除了"损"，唐玄宗还借注经表达了一个"绝"（绝圣弃智、绝仁弃义、绝巧弃利、绝学无忧）的方法，两种方式相近但并不等同，值得仔细玩味。我们认为，"损"的方式是一种忘，但它不代表不重视所损的对象。就拿功行来说，修道之人虽事实上有功行，只是要忘掉功行，这是"损"；但"绝"的对象则是完全不重视因而才要弃绝，比如巧与利，又比如有为俗学（绝学无忧）等。此二者之区别，不可不察。

圣人无常心章第四十九

圣人无常心，以百姓心为心。

圣人之心，物感而应，应在于感，故无常心。心虽无常，唯在化善，是常以化百姓心为心。

善者，吾善之；不善者，吾亦善之，德善。信者，吾信之；不信者，吾亦信之，德信。

欲善信者，吾因而善信之；不善信者，吾亦以善信教之，令百姓感吾德而善信之。

圣人在天下，惵惵为天下浑其心。

圣人在理天下，化引百姓，常惵惵[1]用心，令德善信，而圣心凝寂，德照圆明，浑同用心，皆为天下，故云为天下浑其心。

百姓皆注其耳目，

百姓化圣德为善，故倾注耳目，以观听圣人。

圣人皆孩之。

圣人念彼苍生，犹如慈母，故凡视百姓，皆如婴儿。

注

[1] 惵惵：恐惧之貌，音叠叠。

心解

本章注主旨是讲人君应以慈爱之心化民为善，且又要浑同自己的主观用心，一心为百姓、为天下。《道德经》中的圣人主要指那些实际拥有统治天下的权力、且有功德言行可名的上古时期或夏商周三代英明的共主。仅是学问深厚或者品行高洁者，恐怕不足以有资格入老子所谓"圣人"之列。简单来说，"圣人"为内圣与外王的统一，也就是"圣王"。从这一背景出发来看，唐玄宗虽然没有对圣人的概念做出解释，但是事实上只有拥有了实际统治天下的权力的"圣王"才能拥有这样的行动和效果。

注文说到，圣人之心，盖因其虚己以容物，故感外物而有反应，这种反应乃是基于外物之故，而并非自己的主观意志与成见。圣人之心虽无主观意志，却唯在化天下之民之于善地，所以圣人常以化百姓之心为善作为自己的追求和目的。那些有意追求善与信的百姓，圣人相应地以善和信待之；那些无意追求善与信的不善、不诚信的百姓，圣人也以善与信之义教导他们，令他们也能感受到圣人的厚德宽容而以善、信对待圣人。圣人治理天下，教化引导百姓为善，因为无自己主观意志、常以化导百姓为善之故，所以常常小心谨慎地追求化导百姓为善的结果，而圣人之心因为有功而忘功和忘损忘功之心之故，常归于凝滞寂静，其德则

如阳光普照般光明圆满。圣人浑同自己的主观意志都是为了天下，所以老子说圣人"为天下浑其心"。

这一章经文颇有儒家的意味，一些学者甚至将首句"以百姓心为心"错误地理解为儒家的"天视自我民视，天听自我民听"。其实，儒家"天视自我民视，天听自我民听"的主张在超越层面上彰显的是天神圣和崇高的一面，民视和民听只是达到天视、天听的渠道和手段而已，但并不是目的。所以，老子的"以百姓心为心"并不同于前者，如果说他也有超越性意涵的话，那么他的超越性价值当不是天视、天听，而是"道心"，因为"天法道，道法自然"。因为有"道"这个最高的超越性存在，老子才要提醒圣人治理天下当小心谨慎，以免涉于有为之境。圣人化导百姓为善，也无非是将他们看作婴孩一样，以无知无欲（无为）之教教之，令得善、信。略为遗憾的是，老子本章中"无为"的这一层意思，唐玄宗并没有完全解读出来，我们从其注文中读出来的更多的是"有为"的那层意思。

出生入死章第五十

出生入死。

了悟则出生，迷执则入死，正标也。

生之徒十有三，死之徒十有三。

泛论众生，当生，安生得生理；处死，顺死得死理。如此者，大凡十中有三人尔。

人之生，动之死地，十有三。

徇生太厚，以养伤生，既心矜此生，故动往死地，此则生理既失，死理亦亏，如此之辈，亦十中有三人尔。

夫何故？以其生生之厚。

设问所以动之死地，夫缘何故？但以其求生此生太厚之故。

盖闻善摄生者，陆行不遇兕虎，入军不被甲兵，兕无所投其角，虎无所措其爪，兵无所容其刃。

善摄卫[1]生理之人，心照清静，无贪取之意，则凡是外物，不可加害，陆行不求遇兕虎，入军不被带甲兵，此不求害物也，则物无害心，故无投角措爪容刃之所矣。

夫何故？以其无死地。

夫何故兕、虎、甲兵无容措之所乎？以其顺化无私，不以死为死，则物不得害其生，故云无死地也。

注

[1] 摄卫：保养身体、养生之意。"盖闻善摄生者，陆行不遇兕虎"，河上公注："摄，养也。"

心解

本章注文主要发挥了老子的生死智慧。俗人生则执着于追求功名利禄、钱权名色，死亡来临时又眷恋生时所拥有的一切，不能了悟生死。而在道家看来，人生恰如大梦一场，死亡便如休息。

唐玄宗认为，众生了悟生死就处于生道，迷执生和畏惧死就入于死道。但由于大多数人并不了悟，所以众生当其生时能够安于生得生之理、当其濒临死亡之时能够顺应这个自然过程得死之理，这样的人恐怕只有十之二三。而另有一部分人则是，内心矜徇执着于生存的欲望，致使养生之举太甚，反倒伤害了生命本身。正因为对生太过于迷执，所以他们在行动上尽管追求生道、结果反倒向相反的死道走去。为什么本来是追求生道的人，反而动即入于死地呢？恐怕是他们求生和养生太过太厚的缘故。而那些真正懂得养生之道的人心神清静无为，没有贪求之心，那么外物就不能加害于他。他在陆地上行走不求遇兕虎，进入战阵交战不被甲兵所害，没有害物之心，那么相应地，物也不会加害他们，所以兕虎没有投角措爪之地，甲兵也没有容刃之所。这是什么缘故呢？唐玄宗最后点出了自己的生死观，善于养生之人顺应大道之化，无一己之私心与迷执，对死亡不像世人

那样畏惧，外物不得害其生，所以他们才不会入于死地。

在老子看来，"罪莫大于可欲，祸莫大于不知足，咎莫大于欲得"，养生既然要趋利避害，那么罪、祸、咎之中最大者——欲望和不知足当首先克除，唐玄宗说善于养生之人"心照清静，无贪取之意"，十分中肯。其次，老子哲学体系中最高的那个超越性存在不是天，而是道，因为"天法道，道法自然"。所以在养生方面，真正懂得养生的人不仅应追求"天人合一"，还应做到"与道合一"，达到这个境界，也就是唐玄宗所谓的"顺化无私，不以死为死"，便是道家眼中的"圣人"了。可以说，唐玄宗的这两点理解是很到位的。

孟子主张"养心莫善于寡欲"。张载也提出"存，吾顺事；没，吾宁也"（《正蒙·乾称篇》），明显受到了道家思想的影响。儒家主张人有"三不朽"，"太上有立德，其次有立功，其次有立言"，老子也主张"死而不亡者寿"，儒家和道家先哲都认为，在人的自然生命之外还存在一个不朽的智慧生命，只不过两家对其具体内涵的理解则不完全一致。

道生之章第五十一

道生之，

妙本动用降和气。

德畜之，

物得以生养万类。

物形之，

乾知坤作兆形位。

势成之。

寒暑之势各成遂。

是以万物莫不尊道而贵德。

万物由道德以生畜，故尊贵之。

道之尊，德之贵，夫莫之爵而常自然。

言道德之尊贵，非假爵命，但生成之功，被物而常自然贵尔。

故道生之、畜之、长之、育之、成之、熟之、养之、覆之。

是以人莫不尊道而贵德也。

生而不有，为而不恃，长而不宰，是谓玄德。

具如载营魄章所释。彼章言人修如道，此章明道用同人。

心解

本章注讲述道、德生成蓄养万物之功却不居功的玄德，暗示人君与侯王亦当修如是之德而无为不居功，本章注也是唐玄宗生成论的明确论述。

注文大意说，道生冲和妙气，与阴、阳二气共同起作用生成天下万物，但这个过程还需要一个德蓄养、周围环境如天地等共同起作用的形与位的环节，再加寒暑四季之势交替，遂成天地万物。正因为万物皆由道以生、由德以蓄养，所以都要尊崇道、贵高德。同样，道生成万物、德蓄养万物，万物得道德以成长、发育、成熟、养育、覆盖保护，人人也都尊崇道、贵高德的地位与作用。但道与德的尊贵地位不是因为它们有什么爵位、名号，而是因为它们的生成和蓄养之功泽被万物，是自然而来的。

从本章注文中，我们还可以解读出唐玄宗的官德思想和政绩观，他认为统治者对待百姓当如道对万物、父母对孩子一样，养育之、教育之、保护之。尽管如此，统治者也不要居功，或试图主宰或任意指使百姓，因为天之立君就是为民，使人君参赞天地之化育，导民向善，从而达到天下和谐有序的局面。这一点现在仍然值得人们深思并借鉴。

天下有始章第五十二

天下有始，以为天下母。

始者，冲气也。言此妙气生成万物，有茂养之德，故可以为天下母。

既得其母，以知其子；

万物既得冲和茂养，以知其身即是冲气之子。

既知其子，复守其母，没身不殆。

既知身是冲气之子，当守此冲和妙气，不令离散，则终没其身，长无危殆也。

塞其兑，闭其门，终身不勤。

兑，爱悦也。目悦色，耳悦声，六根[1]各有所悦，纵则生患，是故塞之。不纵六根爱悦，则祸患之门闭矣。故终身不勤劳矣。

开其兑，济其事，终身不救。

开张六根，纵其视听，以成济其爱悦之事，则常有祸患，故终身之不救尔。

见小曰明，

人能于事微小则见而改行，可谓明。

守柔曰强。

守柔弱则人不能加，可谓强矣。

用其光，复归其明，

见小则明，守柔则强，若矜明用强，将失守柔见小之义，故当用光外照，复归守内明，长无患累矣。

无遗身殃，是谓袭常。

遗，与也。言还守内明，则无与身为殃咎者，如此是谓密用真常之道。

注

[1] 六根：佛教把人身上有认识和感觉外部世界能力的器官——眼、耳、鼻、舌、身、意称为"六根"，根为"能生"之意，"六根"能生出六种认识（"六识"），"六根"对应的"六识"分别为眼识（视觉）、耳识（听觉）、鼻识（嗅觉）、舌识（味觉）、身识（触觉）、意识（综合上述感觉所形成的知觉与思维等）。

心解

本章注唐玄宗通过阐发他的生成论告诫人们当少私寡欲、谦退无为、守柔贵身。在唐玄宗的道家思想体系中，"道"才是天地万物的本原，故呼之为"妙本"；冲气才是生成天地万物的那个具有始基性质的"根"，故赞之为"妙用"。

唐玄宗认为，"天下有始"中的"始"字也是指冲气，为何称冲气为"天下母"呢？因为冲气生成了天地万物，有繁殖长养天地万物之德，所以可以称之为"天下母"。天地万物既已得到冲气的繁殖长养，便知其身均是冲气之子，既已知其身均是冲气之子，天地万物都应该守护好这个冲和妙气，不要让它离开自己的身体，因为"冲气以为和"，"和"一旦不在了，就会有危险。人有眼、耳、鼻、舌、身、意"六根"。其中，眼喜欢看美色和美景，耳朵喜欢听音乐和好话，总之，六根都有各自的嗜好，如果放纵六根之欲，就会生出无边之祸患。

既然六根之嗜欲不可放纵且易招来祸患，所以人能在事态和祸患尚为微小的时候就能看出端倪并改而行之，这才是真正的"明了"。关闭六根嗜欲之门，少私寡欲、谦退无为，看似是退守柔弱，其实这样的柔弱，外物与别人皆不可强加或改变他，这样的人才是真正的"强者"。虽然见事之微小而改行则明了、退守柔弱才是"强者"，若刻意矜夸、负恃，就会失去守柔见小的本义，所以我们应当运用重玄学的思维方式，连这个矜夸、负恃之心都不要有、都忘掉，不欲于见小和守柔，尽管要用这种"明了"之光察照外部世界，最后终归要守住内在的"明了"，这样才能长久地摒除祸患罪累。归守内在的"明"，就不会给自身带来殃咎，这样的人才是真正懂得"常道"之人。

老子和道家经常讲到少私寡欲、谦退守柔和无为不争之义，于是有人认为道

家一向秉持柔弱、谦下、无为的人生态度，他们反对当代新道家把道家改造为"强者的哲学"。① 我们从本章经文、注文可以看出，道家的柔弱谦退只是表面，其真实用意是为了"强"，不过是暗着为强，老子谓之"袭常"，玄宗谓之"密用真常之道"，本质依然是一种"强者的哲学"。

使我介然章第五十三

使我介然有知，行于大道，唯施甚畏。

老君言，若使我耿介^[1]然矜其有知，欲行大道，既与道不合，故唯所施为，是皆可畏。

大道甚夷，民甚好径。

大道平易，是畏有知，而人多故，欲心求捷，如彼行人，好从邪径，邪径之弊，具如下文。

朝甚除，

尚贤矜智生巧伪。除，理也。

田甚芜，

浮食堕业废农事。

仓甚虚。

南亩不收无储积。

服文采，

刻雕绮绣害工利。

---

① 赵卫东：《当代新道家的理论定位》，《杭州师范学院学报》（社会科学版），2004 年第 6 期，第 24 页。

带利剑,

文德不修尚武备。

厌饮食,

烹肥击鲜重滋味。厌,饫足。

财货有余,

聚敛积实饶珍异。

是谓盗夸。非道也哉。

矜其有知,动以成弊,行同盗窃,仍自矜夸,夸盗非道,适令兴叹。也哉者,叹辞。

注

[1] 耿介:光大、正直之义,此处有得志于天下的意思。

心解

这一章注文谈论统治者争尚之知、贪求之欲、施为有为太过之弊,主张统治者寡欲无为,返归愚朴。

注文大意说,老子讲道,假如有一天我身居高位得志于天下,然而矜夸自己有知,虽欲践行大道,此举终与道不相符合,所以今后所有的施为之举都值得敬畏警惕。大道平坦简易,然而却惧怕那些有争尚之知和贪求之欲的人。因为人多以有知之心、贪求之欲去求捷径走邪路,就如那些明明面前有平坦笔直的大路不走、却喜好在田间踩出斜路破坏庄稼的行人。已经得志于天下的人君,有时也会因其争尚之知和欲心过甚而走向邪路,弊端很多,简要如下:

朝堂上崇尚贤人和有争尚之知的人治理朝政,于是上有所好,下必效焉,反而会吸引更多的巧言令色和虚伪之徒,他们冒充贤人和知者以获取利益,进而导致农事荒废、田地荒芜、国家粮食储备亏空,却仍穿着锦绣绫罗,修葺那些雕梁画栋的宫殿建筑。他们文德不修反而看重武力争霸,府库中充满丰富的珍奇异宝,这样的有为如同盗窃一样,竟然还敢恬不知耻地矜夸自己的霸业,与大道相悖而驰。所以,老子最后用"也哉"表达了自己的感慨。

我们回头再来讨论一下老子和唐玄宗所谓的有为与无为。统治者之所以有为太甚，其根源在于他们认为自己有知、百姓无知。统治者一旦乱施有为，必生弊端与乱象。老子与唐玄宗在这里主要讨论的是统治者重华薄不重厚实的现象以及超出自然欲望的过度嗜欲，而基本的武备、国库储备以及百姓要求基本生存条件的欲望，则不在他们的批判之列。

善建不拔章第五十四

善建者不拔，

善能以道建国立本者，不可倾拔也。

善抱者不脱，

善能以道怀抱百姓者，不可脱离。

子孙祭祀不辍。

言善以道德建、抱之君，功施于后，爱其甘棠，[1]况其子孙乎？而王者祖有功、宗有德，故周之兴也，始于后稷，成于文武。周之祭也，郊祀[2]后稷，宗祀文王，故虽卜代三十、卜年七百，毁庙之主，流溢于外，而后稷、文王郊宗之祀，不辍止也。

修之身，其德乃真；

修道于身，德乃真纯。

修之家，其德乃余；

一家尽修德，乃余羡。[3]

修之乡，其德乃长；

一乡尽修德，乃长久。

修之国，其德乃丰；

一国尽修德，乃丰盈。

修之天下，其德乃普。

若天下尽修其德，施乃周普矣。

故以身观身，

以修身之法观身，能清静者真。

以家观家，

以修家之法观家，能和睦者有余。

以乡观乡，

以修乡之法观乡，能顺序者乃长。

以国观国，

以修国之法观国，能勤俭者乃丰。

以天下观天下。

以修天下之法观天下，能无为者乃普。

吾何以知天下之然哉？以此。

以此观身等观之，则可知尔。

注

[1] 甘棠：木名，即棠梨，一种野梨树，又称杜梨、杜棠、土梨。《诗经·召南》中有《甘棠》篇。朱熹注："召伯循行南国，以布文王之政，或舍甘棠之下，其后人思其德，故爱其树而不忍伤也。"[①] 后世因而用"甘棠"一词称颂那些有惠政于民的地方官吏。

[2] 郊祀：古代祭礼，在郊外祭天或祭地，取"天圆地方"之义，祭天的天坛为圜丘，祭地的地坛为方丘。

[3] 余羡：唐代官员以赋税有盈余为名向皇室进贡的款项称为"羡余"，如唐德宗时期，藩镇常用加重赋税、贩卖商品和克扣俸禄等办法聚敛财物，除了贪污和中饱私囊之外，还以"羡余"的名义进贡皇室，以博得皇帝的欢心。此处引

---

① 朱熹：《诗集传》，上海古籍出版社，1987年，第7页。

申为丰富、有剩余之意。

心解

本章注文讨论统治者尊道修德所带来的结果，告诫统治者当推行无为之治。

唐玄宗说，善于用道建国立百姓的统治者，不会轻易被倾覆；善于用道怀柔百姓的统治者，没有外力能使民心离散。善于用道建国立民、怀柔百姓的人君，后人连他巡幸时停留过的甘棠树都甚为爱惜不忍伤害，更何况他的后世子孙呢？拿周王来说吧，周王的祖先有功，大宗有德，所以周王朝的兴旺始于有功的后稷，成于有德的周文王；周朝郊祭时将祖先后稷配祀天地，宗祀时将文王配祀后稷，所以即使过了三十代、历时七百多年，后稷的郊祀、文王的宗祀资格也不会终止。人若善于修道，修之于自身的道便是"德"，德者，得也，这种德就是最真切、最纯粹的；人若修德于身，从而齐其家，一家尽修德，他的德就很富足了；人若能将所修之德扩至乡党闾巷，一乡尽修德，他的德就会随之长久；人若能将所修之德扩大至一国，一国尽修德，他的德就会盈满外溢。推而广之，他若能将所修之德广布天下，天下尽随之而修德，那么他的德就会周行泽被于天下了。

老君的道理是通过观察思考古往今来包括他当世的个人、家、乡、国、天下兴衰成败的经验教训而得来的，因为老君做过周的守藏室之史，有条件阅读大量的历史文献材料。所以他说，以修身之法观身，能做到清静的，他的德行才是真纯的；以治家之法观大夫之家，能家庭和睦者，德行富足；以治乡之法观乡卿乡老，能使一乡社会秩序井然、长幼有序的，德行长久；以治国之道观察各诸侯国君，能寡欲俭啬的，德行丰盈；以平天下之道来观察天下共主，能无为而治的，德行才能周行遍布天下。

本章经文与唐玄宗注颇有儒家诚意、正心、修身、齐家、治国、平天下之意味。儒家主张"反求诸己"，主张"君子有诸己而后求诸人，无诸己而后非诸人"，老子与唐玄宗都认为，若要将德修之于家、乡、国、天下，必须从将道修之于己身而有德（"得"）开始。"行远必自迩，登高必自卑"，本质上，这也是一种"反求诸己"之论。老子与孔子生活在相同的时代环境和宗法社会背景中，两家思想虽界限明显，却也存在很多相通之处。

含德之厚章第五十五

含德之厚，比于赤子。

至人含怀道德之厚者，其行比于赤子。

毒虫不螫，猛兽不据，攫鸟不搏。

至人神矣，物不能伤，既无害物之心，故无螫搏之地，此至人之含德也。

骨弱筋柔而握固，未知牝牡之合而朘作，精之至。终日号而不嗄，和之至。

赤子骨弱筋柔，而能握拳牢固，未知阴阳配合而含气之源动作者，犹精粹之至；终日啼号而声不嘶嗄，犹纯和之至。此赤子之全和也。

知和曰常，

能如婴儿，固守和柔，是谓知常之行。

知常曰明，

守和知常，是曰明了。

益生曰祥，

祥者，吉凶之兆。言人不知守常，而求益生越分，动之死地，是曰凶祥。

心使气曰强。

心有是非，气无分别，若役心使气，是曰强梁之人。

物壮则老，是谓不道，不道早已。

凡物壮极则衰老，故戒云：矜壮恃强，是谓不合于道，当须早已。

心解

本章注文发挥了老子"物壮则老""反者道之动"的辩证思想，告诫人们应该像婴儿一样固守和柔、戒强守弱。

注文大意说，修道的至人德行无欲无私，可以比拟于婴儿。至人无害物之心，所以外物难以伤害他。初生的婴儿骨弱筋柔而能握拳牢固，不明白阴阳交合的道理却含怀冲气之和而动作，这是冲气最为精粹的地方；他们终日啼哭号叫也不会声音嘶哑，是因为自身保留着冲气最为纯洁和柔的特征。以上两点说明婴儿天然地保全了道之和，可以固守和柔懂得行常道，这就叫做"明了"。人如果不懂得坚守和柔与常道，就会私欲过重或者过于看重养生超出性分所有，从而动之死地，这就是"灾殃"。人心是能分别是非的，但所秉之气并无分别，役使心与气者，便叫做"强梁之人"。世间万物强壮到极致都会由盛转衰，所以矜夸其强壮、负恃其强大，都不合于道的要求。

老子多处论述道的深意，又恐其话语过于深奥和抽象，于是又在多处用象征性的事物（如水、谷神、玄牝等）或人代指道，来晓喻道的境界，本章的婴儿便是如此。婴儿骨弱筋柔，代表着新生的、蒸蒸日上的事物和力量，也就天然地符合道的要求，老子因而有"复归于婴儿""圣人皆孩之"之教。但成人与老人的有知、有欲毕竟是既成的事实，又怎么可能复归到婴儿无知无欲的状态呢？在这里，唐玄宗的重玄之道的思维方式就派上用场了——忘损！凡俗有知有欲，但修道之人则需忘损知和欲，并且连这个忘损之心都要遣掉，那就复归于婴儿了，这是一个"正—反—合"的过程，是一个更高基础上的、境界上的回归。诚如李大华教授所言，"含德之厚，比于赤子"，不经修养，不成德性，如此方能如赤子一般，才能拥有道家所期望的德性。①

知者不言章第五十六

知者不言，言者不知。

知，了悟也；言，辩说也。

---

① 李大华：《老子的智慧》，北京大学出版社，2019 年，第 376 页。

塞其兑，

了悟者于法无爱染，[1]于言无执滞，故云塞其兑也。

闭其门，

既无爱染，则嗜欲之门闭矣。

挫其锐，解其纷，和其光，同其尘，是谓玄同。

解具如道冲章，彼则约道，此则约人。言人能体道，是谓与玄同德也。

故不可得而亲，

玄同无私，故不可得而亲。

不可得而疏；

泛然和众，故不可得而疏。

不可得而利，

无欲，故不可得而利。

不可得而害；

不争，故不可得而害也。

不可得而贵，

体道自然，故不可得而贵。

不可得而贱，

洗然[2]无滓，故不可得而贱也。

故为天下贵。

体了无滞，言忘理畅，锐纷尽解，光尘亦同，既难亲疏，不可贵贱，故为天下至贵矣。

注

[1] 爱染：指嗜爱程度很深，像染色一样不易洗去。

[2] 洗然：恭敬严肃、清晰之貌，此处指纯洁、高洁。洗，音显。

心解

本章注文论述了人要达到与道同德的"玄同"境界所必经的途径以及条件，他们因达到此境界而成为天底下最为高尚之人。

注文大意说，了悟大道之人不整饬于小的辩说，而辩说不休之人则并非真正地了悟大道。了悟大道之人对于世间的事物及现象没有嗜爱，对于言论辩说没有执着滞碍，闭塞了口舌便无口舌之争，所以说"塞其兑"；既然对于世间的一切事物及现象没有嗜爱，那么他们的嗜好欲望之门也就关上了。挫去自身锐气，超脱纷扰，在光同光，在尘同尘，人能体道如此，就叫与玄（道）同德了。达到与玄同德之境界的人，因为他无私心，所以不能够亲近他；因为他泛爱众和于众，所以不能够疏远他；因为他不如世俗之人一般嗜欲，所以不能够利诱他；因为他没有争尚之知且谦退不争，所以不能够伤害他；因为他体道自然无为，所以不能够使他尊贵；因为他恭敬严肃、纯洁无瑕，所以不能够使他下贱。体悟大道之人，对于世间一切事物及现象能够做到得象忘言、得意忘象，言、象兼忘之后，意、理也就晓畅，锐气与纷扰尽数挫去解散，在光同于光、在尘同于尘，从而成为普天之下最为尊贵之人。

本章注文唐玄宗援引佛学和庄子得象忘言、得意忘象的说法解老，虽不完全符合老子原意，但在较大程度上发挥了老子达到"玄同"之德的六个途径——塞其兑、闭其门、挫其锐、解其纷、和其光、同其尘的原意，并认为后面的四个途径，在《道冲章第四》中用于检束道，在本章中则主要用于检束人。前两个途径——塞其兑、闭其门，又见于《天下有始章第五十二》，本章注文与彼章意思相近。

道家的理想人格理论向来为中国文人所称道，如庄子的"至人无己，神人无功，圣人无名"，再如晋代王康琚之《反招隐诗》"小隐隐陵薮，大隐隐朝市"。唐玄宗将老子的理想人格的不可得而亲、不可得而疏、不可得而利、不可得而害、不可得而贵、不可得而贱的原因分别解释为无私、泛爱和众、无欲、不争、自然无为、纯洁无瑕，这样高洁的人格的确值得世人景仰和向往，也的确是追求功名利禄犬马声色的普罗大众所难以企及的，所以他们听闻这些甚至会哈哈大笑，但在老子看来则为"不笑不足以为道"。在现实生活中，一个人太过于高洁，或许不免处处碰壁乃至无法生存，老子的"和光同尘"与唐玄宗"泛然和众"的主张，不失为有道之人对自身的一种保护策略。需要指出的是，和光同尘毕竟非光与尘，泛爱和众亦不等同于众，佛家不主张分别，道家则还是要讲分，只是不要把分别看得过重，有分别但要忘损分别、甚至忘损分别之心，这才是道家。道家理想人格理论中包含中国式的人格独立和精神自由的基因，值得重视和发掘。

以政治国章第五十七

以政治国，以奇用兵，以无事取天下。

在宥[1]天下，贵乎无为。为政[2]若以政教理国，奇诈用兵，斯皆不合于道，唯无事无为可以取天下。此三句标也。

吾何以知天下其然哉？以此。

以此，下文知之。

天下多忌讳，而民弥贫；

以政理国，动多忌讳。人失作业，故令弥贫也。

人多利器，国家滋昏；

利器，谓权谋。人主以权谋为多，不能反实，下则应之以诈谲，故令国家滋益昏乱。

人多伎巧，奇物滋起；

人主以伎巧为多，不能见素，下则应之以奢泰，故令淫奇之物滋起也。

法令滋彰，盗贼多有。

无为既失，法令益明，窃法为奸，尽成盗贼。岂非多有乎？

故圣人云：我无为而民自化，我无事而民自富，我好静而民自正，我无欲而民自朴。

无为则清静，故人自化；无事则不扰，故人自富；好静则得性，故人自正；无欲则全和，故人自朴。此无事取天下矣。

注

[1] 在宥：出自《庄子·在宥》"闻在宥天下，不闻治天下也"一句。在宥，宽恕之义。

[2] 为政：《论语·为政》有"为政以德"一语，程树德《论语集释》引《论语征》曰："为政，秉政也。"①

心解

本章注文中，唐玄宗表达了他反对政教理国、奇诈用兵、奢泰淫奇的态度，主张人君当无为清静、无事不扰、好静守正、理国化民。

唐玄宗认为，圣人治理天下，要想使百姓感觉到宽松自在，贵在使用无为而治的策略。人君秉政，如果用政策教令治理国家、取奇诡诈谲之术用兵打仗，都不合于道，只有无事、无为方能赢得民心。我们从以下事实中可以明白，治天下当用无事无为之策：人君以政教治理国家，民众动不动就会触犯很多忌讳，从而手足无措，所以政教理国之术会让百姓日益贫乏。人君如果以权谋作为治国用兵的利器，就会因过于看重权谋而不能返于厚实，臣民就会以欺诈的态度和方法应对，上下相欺诈，从而使国家更加昏乱不明。人君如果看重奇技淫巧，不能见真素抱淳朴，臣民就会以奢华安逸应对，这会导致奇技淫巧更加层出不穷，上述失误都是因为失却无为之策的缘故。人君失却无为之策，便只能依靠法令日益彰明严密以防民为奸，结果就像"窃钩者诛，窃国者侯"一样，大奸大诈之贼窃国后连法令也一并窃取，盗贼在位，岂不造就更多的盗贼？

注文末尾，唐玄宗总结道，古之圣人无为、无事、好静、无欲以治国，所以百姓自化于君之无为；人君不生事就不会扰民，所以百姓自然日益富足；人君好静就得以保全正性，百姓就会化于君之正性而为正直之民；人君无欲，就得以保全冲气之和，百姓就会随人君而自然淳朴。无为、无事、好静、无欲，此即人君"无事取天下"之策。

唐玄宗认为，人君能做到无为、无事、好静、无欲，民众就能自化、自富、

---

① 程树德：《论语集释》，中华书局，1990年，第64页。

自正、自朴，其逻辑前提与儒家"君子之德风，小人之德草""君上是民之仪"的主张相似。只是，在治国理政、平治天下的过程中，适当的法令体系必不可少，只依靠道德说教或圣人榜样，未免过于简单和理想化了。

其政闷闷章第五十八

其政闷闷，其民淳淳；

政教闷闷，无为宽大，人则应之淳淳然而质朴矣。

其政察察，其民缺缺。

政教察察，有为苛急，人则应之缺缺然而凋弊矣。

祸兮福所倚，福兮祸所伏。孰知其极？

倚，因也。伏，藏也。上言其政闷闷，俗则以为无政理之体，人反淳淳然而质朴，此则祸为福之所因也。其政察察，而俗则以为有政理之术，人乃缺缺然而凋弊，此福为祸之所藏。

其无正邪？正复为奇，善复为妖，

祸福之极，岂无正邪？但众生迷执，正者复以为奇诈，善者复以为妖祥，故祸福倚伏，若无正尔。

民之迷，其日固久。

以正为奇、以善为妖，如此迷倒，其为日也，固以久矣。

是以圣人方而不割，廉而不刿，直而不肆，光而不耀。

圣人善化，不割彼而为方，不刿彼而为廉，[1]不申彼而为直，不耀彼而为光，修之身而天下自化矣。肆，申也。

注

[1] 刿：刺伤、割伤之意。廉：棱角，引申为品行方正。

心解

本章注文发挥了老子"无为而治"的治国主张和"反者道之动"的辩证思想，并主张理身是理国的前提和必要条件。

唐玄宗认为，人君行不言之教、无为宽大之政，民风笃厚质朴；人君行严密教令、有为苛察之政，社会道德凋敝败坏。最后，唐玄宗点出了他理想中理身理国的标准：圣人善于化导百姓，不会逼其就范而显自己之方正，不会苛于律他而凸显自己之棱角，不会无所顾忌地改造百姓而显示自己之正直，不会追逐德照万民而显示自己之光芒。圣人以无为之术理身，并以之作为无为理国的前提与必要条件，圣人身修，天下百姓自然随圣人化于善。

关于"为政"，儒家也有"无为"之方，如孔子说"为政以德，譬如北辰，居其所而众星共之"，又说"天何言哉？四时行焉，百物生焉，天何言哉"。当然，儒家的为政观主要还是德治（仁政）和有为，如孔子说"政者，正也。子帅以正，孰敢不正"，主张为政即要正民，富之、庶之、教之。儒家的为政观讲究为官之德，君子之德为风，小民之德如草，所以上位者要率先诚意、正心，反求诸己，然后方能身修、家齐、国治乃至天下平。本章注文的末尾，唐玄宗所描绘的道家圣人也有修其身而天下随化之效用，因为唐玄宗曾亲注《道德经》《孝经》《金刚经》，本身就有融合儒、释、道三家之风，其注《道德经》常有以佛解老、以庄解老、以重玄学解老之处，偶夹以儒解老，再正常不过了。黄钊等人认为，唐玄宗的思想既有"以释解道"的痕迹，亦有"以儒解道"的烙印，但整体仍以道家思想为主。同时他们主张，唐玄宗将道、儒、释三家思想糅合起来，这在理论上是一个有意义的尝试，它为后来宋明理学"三教合一"的思想体系开了理论先河。①

---

① 黄钊主编：《道家思想史纲》，湖南师范大学出版社，1991 年，第 381 页。

治人事天章第五十九

治人事天莫若啬。

啬，爱也。人君将欲理人事天之道，莫若爱费，使仓廪实，人知礼节，三时[1]不害，则天降之嘉祥。人和可以理人，天保可以事天矣。

夫唯啬，是谓早服。

何以聚人？曰财。故能俭爱，则四方之人将襁负而至，早服事其君矣。服，事也。

早服谓之重积德，

夫唯俭啬，以是有德，人归有德，早事其君，故云重积德。

重积德则无不克，

圣人积德，四海归仁，则无有不能制服者矣。克，能也。

无不克则莫知其极，

人君之德无有不能制御者，则无远不至，故四方莫知其穷极也。

莫知其极，可以有国。

莫知其穷极，然后可以为有国。

有国之母，可以长久。

有国而茂养百姓者，则其国福祚可以长久矣。

是谓深根固蒂，长生久视之道。

积德有国，则根深花蒂固矣。深固者，有国长生久视之道。

注

[1] 三时：指春耕、夏长、秋收三个农忙时节。

《德经》上

心解

本章注文主要讲述俭啬治国之道以及以俭啬治国的效果。人君要理民理身理国事天，最好的方法莫过于爱啬，爱惜百姓、爱惜民力、节俭用度，如此则仓廪充实，而民亦自然知礼节，农忙时节不发生人祸与天灾，天就会降下祥瑞，从而可以更好地治理百姓、侍奉上天。若人君可以做到节俭爱啬，那么百姓会从四面八方背负襁褓而来，甘愿做其子民而服事之。人君只有做到节俭爱啬，才能算作有德。人君有德，百姓归附，此为德行之累积，长此以往，四海便会归附于仁政，"仁者无敌"，这样的人君将无敌于天下。

老子治国有"三宝"：一曰慈，二曰俭，三曰不敢为天下先。唐玄宗的俭啬、爱费一方面包含老子之"俭"，另一方面，也与"三宝"之一的"慈"有着密切关联。老子认为"慈故能勇"，意即慈爱本身也意味着一种力量。唐玄宗认为，人君能爱惜民力、不夺农时、富庶长养百姓，能积累德行、天下归仁，这不能不说类似于儒家的"仁政"。人君积累德行无有不能制服的敌手，这难道不是一种孟子式的"仁者无敌"的主张？儒家与道家相通之处甚多，在唐玄宗这里表现得再明显不过。

《德经》下

治大国章第六十

治大国若烹小鲜。

烹小鲜者不可挠，治大国者不可烦。烦则人劳，挠则鱼烂矣。

以道莅天下，其鬼不神。

以道临莅天下，不求有妄之福，故鬼无以见其神明。

非其鬼不神，其神不伤民；

上言其鬼不神，非谓鬼歇灭而无神，但有其神而不见神怪以伤民也。

非其神不伤民，圣人亦不伤民。

鬼见神怪则伤民，圣人有为则伤民，今鬼所以不见神怪而伤民者，盖以圣人无为清静故尔。

夫两不相伤，故德交归焉。

鬼神伤民则害国亏本，圣人伤民则匮神乏祀，今两不相伤物，故德交归焉。

心解

本章注文阐发了老子清静无为理国的原则、实行"道治"的效果及其给民众带来的好处。

注文大意说，治理一个大国要像烹饪小鱼一样谨慎小心，烹饪小鱼不可来回翻动，治理大国不可法令烦苛、朝令夕改。人君能以道作为临莅天下之神器，便不会奢求福报，鬼也就无法显现其神怪以害人。鬼与人君两者皆不相害于民，两者的"重积德"便可一同汇归于民，民即深受其利。

本章首句注文略显牵强且流于表面。康德衡从生活常识、语言文字的内在逻辑等方面进行考证，认为唐玄宗将首句解释为"烹小鲜者不可挠，治大国者不可烦。烦则人劳，挠则鱼烂"，显然系受韩非子与王弼误读老子原意的影响。实际上，首句与第二句连起来看，更可能表达的是一种人君以道作为治国、统治天下之利器的简易自在程度。① 正如前文所说，这种误读属于"创造性误读"，虽然不符合老子原意，却借此表达了唐玄宗本人的政治哲学思想。

结合其他章注文来看，唐玄宗认为"治国不烦"作为"无为理国"的道治原则，内涵主要有三：

首先，法令不烦苛。法令烦苛便多忌讳而生弊病，百姓行动多忌讳而弥贫乃至无所措其手足。如五十七章注文所言，窃国之贼最终连这法令一并窃取，窃国奸贼居上，岂不造就更多的盗贼？

其次，事情不烦杂。大道至简。唐玄宗认为老子所言契合于理，所以容易知；简易从事，所以也易于施行。"莫能知、莫能行"是世俗之人君普遍崇尚有为，将简单的问题复杂化的缘故。

最后，欲望不烦多。唐玄宗认为，每个人都有其性分当中所当有的东西，超出这个性分所限的话，为者必败、执持者必失。因此他主张人君"于欲不欲"，不过分营为于性分之外。

---

① 康德衡：《〈道德经〉"治大国若烹小鲜"新解》，《宗教学研究》，2015 年第 1 期，第 22～26 页。

大国者下流章第六十一

大国者下流，天下之交。

下流者，谦德也。大国当下流开纳，则天下之人交至矣。

天下之交牝。牝常以静胜牡，以静为下。

天下之人交至者，归于谦德。则如牝以雌静，常为牡动所求，由以静为下故。

故大国以下小国，则取小国；小国以下大国，则取大国。

大取小，以为臣妾；小取大，以为援助。

故或下以取，或下而取。

以者，大取小；而者，小取大。

大国不过欲兼畜人，小国不过欲入事人，

大国执谦德而下小国者，不过欲兼畜小国为臣妾。小国贽[1]贡赋以下大国者，不过欲入事大国为援助也。

两者各得其所欲，故大者宜为下。

一求臣妾，二求援助，是两者各求得其所欲，然大国者常戒于满盈，故特云大者宜为下。

注

[1] 贽：原意指初次求见人时为表敬意所赠送的礼物，另也指送给老师的礼物、学费等，"自行束脩以上"便是贽。此处指小国成为大国的同盟国、附庸国时纳贡赋、贡品之举。

心解

本章注文主要发挥了老子"谦下雌静"的观点以及大国与小国的"国际"交

往理论。

唐玄宗认为，在列国交往实践中，大国应当像江海纳百川一样执守谦德的态度而处下，敞开胸怀，广纳谏诤之言，如此天下百姓与各类人才便会交会而至归附大国。天下之人交至来，不是慑服于大国之武力，而是心悦诚服地归附。然而在历史与现实实践当中，大国常有骄傲盈满、壮极而衰之象，所以老子特别提出"大者宜为下"，告诫大国应该执守谦德与雌静，如此方可立于不败之地。

我们知道，春秋末期是一个列国争霸、大国兼并小国的战争时代，老子提倡和平，反对战争，主张回到小国寡民、结绳而用的原始初民时代。但老子的"国际"交往思想中并没有明显的平等思想，"欲兼畜人"与"欲入事人"已经清楚地表明两者的地位是不平等的。

唐太宗提出"自古皆贵中华，贱夷狄，朕独爱之如一"，已经具有明显的民族平等观念。唐玄宗的"国际"交往观首先也是反对大国的武力征服，主张一众国家特别是大国国君宜行德治主义，以德服人，则天下之人交会而来归附。

其次，即便天下万国归附，大国也应戒骄盈之心。一来世间普遍存在事物向相反方向运动转化、壮极则衰的辩证法；二来他反对大国骄盈之私欲过大以及不停地强国争霸，这与他浓厚的重玄之道的思维方式密切相关。

道者万物之奥章第六十二

道者万物之奥，

万物皆资妙本以生成，是万物取给之所，故兴言云为万物之奥。奥，内也。

善人之宝，

善人知守道者昌，失道者亡，故常宝贵之，而无患累也。

不善人之所保。

保，住也。不善之人不能宝贵至道，及有患难，即欲以身保住于道，自求免尔。

美言可以市，尊行可以加人。

甘美其言，可以求市；尊高其行，可以加人。以况圣人，以甘美法味之言，尊高清静之行，以化不善之人，亦如市贾之售，相率而从善矣。故下文云也。

人之不善，何弃之有？

不善之人，亦在化之而已。何弃遗之有？

故立天子，置三公，

共教不善之人。

虽有拱璧，以先驷马，不如坐进此道。

三公[1]辅佐，虽以合拱之璧、先导驷乘之马[2]以献之，犹不如坐进此无为之道于君，以化人尔。

古之所以贵此道者何？

何，问辞也。

不日求以得，有罪以免耶？故为天下贵。

道在于悟，不在于求，不如财帛，故可日日求而得之，故云不日求以得。既悟则自无罪累，岂待有罪方求免也？可以为天下贵。

注

[1] 三公：负责军政大权的最高长官。周代有两个说法：一说为司马、司徒、司空；一说为太师、太傅、太保。唐宋及以后虽仍有此称，但已无实际职务。

[2] 驷：古时显贵者所乘车，一车套四马，所以称一车所驾之四马或驾四马之车为驷，又用以作计算马匹的单位。按周礼制，周天子所乘之座驾用六匹马拉，称"天子驾六"。逸礼《王度记》曰："天子驾六，诸侯驾五，卿驾四，大夫三，士二，庶人一。"河南洛阳东周王城广场"天子驾六"车马坑实物遗存，与陕西神禾塬战国秦陵园遗址发现的"天子驾六"一道，为海内不多见的"天子驾六"的实物证据。

心解

本章注文提出，万物均依赖道以生成，道是万物长养、成熟之根本，为"万

物之奥"，唐玄宗认为"奥"有含纳之意。善良正直之人懂得守道昌盛、失道灭亡的道理，故常常视之如至宝，从而没有祸患罪累及身。不善良不正直之辈难以做到这一点，妄求有妄之福和鬼神现其神明，等到罪累及自身，才想到以身长住于至道以免罪。天下所以立天子、设置三公，就是希望他们共同教化不善良之人。三公辅佐天子，与其以合拱抱之宝璧在先、一驷乘所驾之四马在后之财富献与天子，不如坐而进献无为之道以教化百姓，如此更显天子的尊贵与德行。

孔子主张为政临民要遵循富民、庶民、教民的顺序。《荀子·大略》云："天之生民，非为君也，天之立君，以为民也。"唐玄宗主张上天立天子、天子置三公，目的是共同教化不善良之人，这同西方政治哲学的流行观点——政治的目的是培养好公民颇有共通之处。在教化百姓的问题上，儒道亦明显有共通之处。同儒家一样，老子与唐玄宗处处充满怜悯、温情与热度，所以才有不善者吾亦善之、不信者吾亦信之等观点，主张以"五善"之教（善行、善言、善计、善闭、善结）共教不善之人，使之感教化而得善、信。圣人与人君常善救人，故无弃人，不主张放弃不善之人。做了那么多事之后，又能功成而不居，方为真正之道家。

为无为章第六十三

为无为，事无事，味无味。大小多少，报怨以德。

于为无为，于事无事，于味无味者，假令大之与小，多之与少，既不越分，则无与为怨。若逐境生心，违分伤性，则无大无小，皆为怨对。今既守分全和，故是报怨以德。

图难于其易，为大于其细。

肆情纵欲者，于为无不难，于事无不大，今欲图度其难，营为其大，当须于性未散而分未越，则是于其易细也。

天下难事必作于易，天下大事必作于细，

明上文，所以预图为也。

是以圣人终不为大，故能成其大。

因云大事必作于细，将明圣人所以能成其大者，以不为其难事、大事，故能成其尊大耳。

夫轻诺必寡信，多易必多难，

轻诺诈人，必寡于信；动作多易，后必多难。

是以圣人犹难之。故终无难。

难为轻诺、多易，故终无难大之事。

心解

本章注文发挥了老子无为哲学的原则和谦下不争的主张，有着道家式的警醒与忧患意识。

唐玄宗认为，无为哲学的原则是以无为为有为，以无事为有事，以无味为有味。假使让大与小、多与少，都不逾越各自的性分，便不会出现相互怨怼的现象。如果任随六根嗜欲逐境奔驰而生贪执之心，既违背了性分也伤害了正性，那么无论大小、无论多少，都互相构成怨怼。现在让大、小、多、少都安守自己的本分，全其和气，就能以德报怨，从而解决纷争。如果肆意放纵自己，总有一天会发现，对于所有的营为无不感觉难办，对于所面对之事无不感觉不易实现。

老子的无为哲学并不是完全的无所作为，唐玄宗将老子的"为无为，事无事，味无味"解释为"于为无为、于事无事、于味无味"，还是很契合老子的本意的。于为无为，无为也是一种为，为于无为；于事无事，无事也是一种事，事于无事；于味无味，无味也是一种味，味于无味，以无味为有味。大小、多少同理，即以小为大、以少为多从而不嫌其小与少，如此也就没有纷争、贪欲和怨怼了。但唐玄宗从大、小、多、少各自安其本分的角度来解释，虽不完全符合老子原意，也有他自己的新意。

本章注文也发挥了老子的处世哲学和人生哲学。首先，难事、大事应早做计划与准备，有备方能无患。有私心、私欲，则为祸大矣，故在正性未散、本分未

逾越的时候就要为难事、大事做好预案与谋划。其次，做事应从一点一滴做起，勿以恶小而为之，勿以善小而不为，不可好高骛远、不屑于易事和细小事。须知，圣人区别于凡情的地方恰恰在于圣人是把凡俗都知道却忽略不为的人伦日用之道做到了极致。唐玄宗最后提醒我们，高兴时不要轻易许诺，不要轻信轻易许诺之人，轻易许诺必寡于信。不要轻视难大之事，如果在开始就把难事、大事看得很容易，后面一定会面临很多困难。

其安易持章第六十四

其安易持，其未兆易谋，

言人正性安静之时，将欲执持，令不散乱，故虽欲起心，尚未形兆，谋度绝之，使令不起，并甚易耳。

其脆易破，其微易散。

欲心初染，尚自危脆，能绝之者，脆则易破。祸患初起，形兆尚微，将欲防之，微则易散耳。

为之于未有，

覆上易持易谋也。所以易者，为营为之于未有形兆耳。

治之于未乱。

覆上易破易散也。所以易者，为理之于未成祸乱耳。

合抱之木，生于毫末；九层之台，起于累土；千里之行，始于足下。

此三者喻其不早良图，使后成患。

为者败之，执者失之。

凡情不能因任，营为分外，为者求遂，理必败之；于事不能忘遣，动成执着。执着求得，理必失之。

是以圣人无为，故无败；无执，故无失。民之从事，常于几成而败之。

民之始从事于善者，当[1]于近成而自败之。

慎终如始，则无败事。

慎其终末，常如始从善之心，则必无祸败之事。

是以圣人欲不欲，不贵难得之货。

难得之货，为性分所无者。今圣人于欲不欲，不营为于分外，故常全其自然之性，是不贵难得之货。

学不学，复众人之所过。以辅万物之自然，而不敢为。

圣人不求过分之学，是于学不学，将以归复众人过分之学，以辅其自然之性，不敢为俗学与多欲也。

注

[1] 当，据本句注文的经文及全文来看，或为"常"字之形近而讹。

心解

本章注中，唐玄宗继续发挥了老子的无为哲学以及他自己的性分思想，主张保全自然之性，见素抱朴，少私寡欲。

注文大意云，人正性安静之时，应执着维持之，不要让清静道性受外界扰乱而发散。这样，虽有六欲产生，道性尚未有散乱的苗头，图谋消灭也是很容易的事情。人的欲望之心初染尘境之时是很脆弱的，这时候图谋绝弃之，脆弱的欲望之心就容易破除；祸患产生之初，其征兆尚微小，这时候下手防范之，微小的祸患征兆就容易消散。凡俗之情不能因任外物之性而达自然无为，往往希冀有为于性分之外，逾越物性与本分。多欲有为之人，于事功上不能排除其功利之心，一有行动便成执着。与此相反，圣人无为，所以不会招致失败；不执着于功利，所以也不会失去功利。

合抱之木，生于毫末；九层之台，起于累土；千里之行，始于足下。老子思想明显受《周易》变易思想与忧患意识的影响，唐玄宗注则主要从防微杜渐、慎终如始的忧患意识的角度进行阐发。

《德经》 下

139

古之善为道章第六十五

古之善为道者，非以明民，将以愚之。

人君善为道者，非以其道明示于民，将导之以和，使归复于朴，令如愚耳。

民之难治，以其智多。

君将明道以临下，下必役智以应上。智多则诈兴，是以难治。

是故以智治国，国之贼；

以，用也。人君任用多智之臣，使令治国，智多必作法，法作则奸生，故是国之贼也。

不以智治国，国之福。

若不用巧智之臣，但取纯德之士，使偃息蕃丑，弄丸解难，[1] 自然智诈日薄，淳朴日兴，人和年丰，故是国之福也。

知此两者，亦楷式。

役智诈则害于人，任淳德则福于国。人君能知此两者，委任淳德之臣，是以为君楷模法式。

常知楷式，是谓玄德。

人君常知所委任，是谓深玄至德矣。

玄德深矣远矣，与物反矣，然后乃至大顺。

玄德深远，能与物反，归复其本，令物乃至大顺于自然之性也。

注

[1] 弄丸解难：古代民间技艺。两手玩弄多个弹丸，上下抛接不使之落地。《庄子·徐无鬼》中有"市南宜僚弄丸而两家之难解"一句。

心解

本章注文唐玄宗发挥了老子的"愚民"思想，主张人君当任用纯德之士治国，导民以和，使民回归于淳朴。

注文大意说，善于以道理身理国的人君，不会将其道明示于民，而是导民以和，使民回归于淳朴。人君之所以不能明示其道，是因为一旦如此，民众便会役用小聪明以应付人君，若欺诈之风盛行，民众也就难以统治了。人君如果任用头脑聪明的臣子治国，其必定会造作法律以为治国之器，之后必定会有钻法律空子的奸诈之人出现，此为对国家的戕害。人君如果选取并重用那些德行纯朴之士，便可以使繁盛丑行和奇技淫巧偃旗息鼓，假以时日，民众的小聪明与欺诈之行自然减弱，而淳朴之风日益勃兴。

老子的"愚民"策略与主张被古往今来多少学者误解为封建朝廷的愚民政治策略，也有一些人因"民可使由之，不可使知之"一句误以为孔子也主张愚民。实际上，我们更应该到法家"弱民"主张那儿去追寻愚民政治之源头，不了解法家，便读不懂秦汉之后的中国政治。老子的"愚民"主张之真正意谓，还要结合全书特别是第二十章、第二十八章的经文进行全面理解。老子反对的是世俗的争尚之知和役智诈的小聪明，老子主张的"愚"实乃指与俗人察察相反的"闷闷"，复归于婴儿、复归于朴，无非就是要教导人们回复到不被凡俗之小聪明与多欲所污染的淳朴无为的境界而已。诚如詹石窗教授所言，"愚民并不是使百姓愚蠢，而是使民心纯朴"，"这里的愚不是愚蠢，而是愚朴，是无利害之心存于心中"。①毕竟，老子与统治者自己也说"我愚人之心也哉"，主张自己也要与百姓一样愚朴。所以这里的"愚"字压根儿不是贬义，而是褒义。唐玄宗将首句解作"将导之以和，使归复于朴，令如愚耳"，还是很契合老子本意的。只是，有玄德的人君其所思所行与寻常之道相反，然后方有大顺之效，这个"大顺"并不是如唐玄宗解释的令万物"大顺于自然之性"，因为大顺的主语是人君。当然，唐玄宗做此种解释也有其用意，这意味着他所认为的玄德之君一定有着不宰制物、任物自然、令万物回归其自然之性的无为特征。

---

① 詹石窗、谢清果：《中国道家之精神》，复旦大学出版社，2009 年，第 75 页。

江海为百谷王章第六十六

江海所以能为百谷王者，以其善下之，故能为百谷王。

江海所以能令百川委输归往者，以其善能卑下之，故百川朝宗矣。

是以圣人欲上人，以其言下之；欲先人，以其身后之。是以处上而人不重，处前而人不害。

谦为德柄，尊用弥光。以言谦下之，百姓欣戴，故处其上而人不以为重；以身退后之，百姓子来，故处其前而人不以为害也。

是以天下乐推而不厌。

以是不重不害之故，故天下之人乐推崇为之主而不厌倦。

以其不争，故天下莫能与之争。

圣人谦退，不与物争，天下共推，谁与争者？

心解

本章注文随老子经文，以"江海"作为道的象征物，着重发挥了老子无为哲学中"谦下不争"的主张。

注文大意说，江海之所以能让百川输送水流、归而往之，是因为它们善于处在比百川更为卑下的地势，所以百川像诸侯朝见天子一样归流于江海，老子借江海以晓喻圣人与人君当执守谦德、处下不争。谦德为德行之把柄，尊而用之会更加明亮有光泽。执守谦德有两种方式，有以言谦下的，有以身谦下的。以言谦下于百姓的圣人，处于万民之上而百姓不以为有重压；以身退后于百姓的圣人，百姓像孩子仰赖父母一样从四面八方负襁褓而至，甘愿为其子民，即使他处在百姓之前，百姓依然不觉得对自己有任何妨害。百姓爱戴执守谦德的圣人，乐意推崇其为万民之主，谁又堪与之争锋？

老子书中多次使用象征物或人格形象代指道，以晓喻人们特别是人君理解道、尊崇道，进而推行无为之治，本章中的江海便是一例。老子是周王朝守藏室之史，从思想源流上看，其思想与上古典籍有着一定的渊源。詹石窗等人认为，本章经文与《尚书》有密切关系。[①]《尚书·洪范》明确指出"水曰润下"，《尚书·禹贡》也提到"江、汉朝宗于海"，这就不难理解"江海所以能为百谷王者，以其善下之"的意味了。此外，《尚书·大禹谟》有"满招损，谦受益，时乃天道"之语，这和本章"谦下不争"的主张也有密切的关系。

天下皆谓章第六十七

天下皆谓我道大，似不肖。

肖，似也。老君云，天下之人皆谓我道大，无所象似，我则答云耳。

夫唯大，故似不肖。若肖，久矣其细也夫。

夫唯我道至大，故无所象似。若如代间诸法有所象似，则不得称大，久已，微细也夫。

我有三宝，保而持之：

我道虽大，无所象似，然有此三行，甚可珍贵，能常保倚执持，可以理身理国也。

一曰慈，二曰俭，三曰不敢为天下先。

慈则广救，俭则足用，不敢为天下先，故乐推而不厌也。

夫慈，故能勇；

慈人敏惠，则德有余，故勇于救济也。

俭，故能广；

节俭爱费，财用有余，故施益广。

---

① 詹石窗、谢清果：《中国道家之精神》，复旦大学出版社，2009 年，第 29～30 页。

不敢为天下先，故能成器长。

慈俭之德，谦�益光，推先与人，人必不厌，故能成神器之长。

今舍其慈且勇，舍其俭且广，舍其后且先，死矣。

今舍慈且勇，勇则害物；舍俭且广，广则伤财；舍后且先，先则人怨。伤财害物，聚怨于人，是必死之道，故云死矣。

夫慈，以战则胜，以守则固，

用慈以战，利在全众；用慈以守，利在安人。各保安全，故能胜固耳。

天将救之，以慈卫之。

以慈战守，岂但人和。天道孔明，亦将救卫。战胜，天救也；守固，天卫也。是皆以慈故，故云天将救之，以慈卫之。

心解

本章注文发挥了老子无为哲学中的"三宝"理论，特别是慈德，主张人君广救广施、节俭爱费、谦退不争、以慈战守。

注文先引老子之语，天下之人都说我所言之道大，与世间万物和道理少有相似之处，如果道与世间万物多有所相似，也就不配称为"大"了。对于"三宝"世俗人君能常常保持、依赖并执守奉行它们的话，便可以收到理身理国之功效。人君慈，就能广泛地救济百姓；人君俭，用度就会充足；人君不敢为天下先，天下之人反而乐意推崇、拥戴他为万民之主。

老子的"三宝"既有如此功用，如果舍弃了它们又会如何呢？唐玄宗认为，如果舍弃慈德而为刚勇，刚勇就会害人害物；舍弃俭德而广泛奢侈于用度，就会伤于财用以致贫乏；舍弃不敢为天下先的谦德而争为人先，就会招致百姓厌恶嫌怨，此为灭亡之道。如果人君执守慈德，临战之时，可以在最大程度上保全众将士之性命；当守卫时，有利于安定人心。如此自然能无敌于天下。

唐玄宗提出"慈则广救"的主张，这启示人君和民众，国家和统治者的存在有保护、救济人民特别是弱者和灾民的使命。在"三宝"当中，老子和唐玄宗看起来更重视慈德。唐玄宗对慈德的注解做了发挥，再次彰显了他思想主张中三教合一的特征。孔子提出能行恭、宽、信、敏、惠五者于天下可谓仁的看法，唐玄宗说慈人敏、惠则德有余；孔子提出智、仁、勇为"三达德"，并认为"仁者必有勇，勇者不必有仁"，唐玄宗认为慈人敏、惠，"故勇于救济也"。种种迹象表明，道家并不一概反对儒家的仁爱，"常善救人，故无弃人""慈人敏、惠，则德有余，勇于救济"等，都是仁爱的典型表现。

善为士章第六十八

善为士者不武，

士，事也。善以道为理国之事者尚德，故云不武。

善战者不怒，

事不得已，必须应敌，以慈则善，故不凭怒。

善胜敌者不争，

师克在和，和则善胜，全胜之善，故不交争。

善用人者为之下。

悦以使人，令尽其力，必先下之，是为善用。

是谓不争之德，是谓用人之力，是谓配天，古之极也。

善胜是不争之德，为下是用人之力，能如此者，可以配天称帝，是古之至极要道也。

心解

本章注文大意说，善于按道的要求治理国家的人君崇尚以德治国、以德服人，不尚武力，所以老子说"善为士者不武"；善于作战之人都是能不打就不打，迫不得已必须应战时，执守慈德的统帅战则能胜、守则牢固，不靠发怒来彰显其威，无论战守都能取得最好的结果；善于战胜敌人的人明白胜敌的法宝在于人和，上下和睦则易取得胜利，既然人和对完全的胜利有如此好处，所以善于胜敌之人不

需交战就有胜敌之方；善于使用人才之人和颜悦色地对待人才，他们清楚，要想让所用之才竭尽全力地效劳，自己首先就要做到态度谦恭、礼贤下士。善于战胜敌人靠的是不争的慈德和人和，礼贤下士是为了使人才竭其所能为我所用，能做到这两点，就有资格配天称帝，享万民之景仰，这是古代最为重要的准则要道。

唐玄宗对首句"士"的解释迥异于诸家。"士"本身有任事、从事之义，所以周时无论文职、武职，到了一定的任职年龄皆可谓士。只是，老子的确是在谈论军事，所以"善为士者不武"中的"士"，当指军士。但玄宗此解的新意在于凸显了道作为治国之利器的重要作用，崇尚以道治国理政。纵然唐玄宗认为善以道为理国之事的人君尚德，但他所谓的"尚德"却并不是儒家的德治，因为他的"无为而治"首先意味着"为无为、事无事"。

用兵有言章第六十九

用兵有言，

老君伤时，轻残人于兵，故托古以陈戒，有言者谓下句。

吾不敢为主而为客，不敢进寸而退尺。

主有动作则生事而贪，客无营为则以慈自守。自守则全胜，生事则败亡。进虽少不能无事，退虽多不失谦让，故不敢进于寸而退于尺。

是谓行无行，

为客退尺，不与物争，虽行应敌，与无行同矣。

攘无臂，

攘臂所以表怒。善战不怒，故若无臂可攘。

仍无敌，

仍，引也。引敌者欲争，不争，故若无敌可引。

执无兵。[1]

执兵所以表杀。今以慈和为主，故虽执兵，与无兵同。

祸莫大于轻敌，轻敌者几丧吾宝。

为祸之大，莫大于轻侮敌人。轻侮敌人者，则殆丧吾以慈之宝。

故抗兵相加，哀者胜矣。

抗，举也。两国举兵以相加，则慈哀于人者胜之。

注

[1] "执无兵"，原文为"执无矣"，据唐玄宗的注文来看，"矣"字显系"兵"字之形近而讹。据改。

心解

本章首句"用兵有言"，大约是老子引用兵家之言论以论证其无为哲学，唐玄宗认为老子之所以假托古人之言以陈述其告诫，是感伤其时轻易杀伐造成生灵涂炭。古代善于用兵的统帅有言，不敢为主而为客，不敢进寸而退尺。唐玄宗认为，主动进攻别国的一方（主方）有贪欲、有行动就容易生事，被迫防御本国的一方（客方）既无营为贪求，便要以慈德自我防守，如此便有利于取得完全的胜利，反之如若生事就易招致败亡。主动进攻的一方所进即便很少，也是一种有为、有事；被迫防守的一方退让虽多，仍不失谦让之礼。所以古时善于用兵的统帅主张不敢进于寸而宁取退于尺的谦退态度。战争中客方谦退，不欲与敌人争强，虽被迫行动而应战，与无行动相同，这叫"行无行"；攘臂是表达愤怒之举，善于统兵作战之人不会轻易发怒，所以好像无臂可攘；引敌与战是因为欲与敌争强，客方取谦退不争之态度，所以好像无敌可引；执持兵器在手意味着杀伐，客方采取慈爱、人和为主的策略，因其并无杀伐之心，所以虽然手持兵器，等于无兵器。在战争中，祸患之大无甚于轻慢辱敌，这无异于丧失了老子"三宝"中的"慈德"。在战争中，两国举兵对战，对民众、士卒之生命有慈哀之心的一方一定会取得最终胜利。

我们知道，自然与无为是老子哲学体系的核心概念。那么，二者之间是什么

关系呢？许春华认为，自然原则是道体之逻辑前提，偏重道体各领域之普遍性，无为原则是道体之逻辑归宿，侧重于人道即人类社会。[1] 所以，老子的"事无事""味无味""行无行"其实都应当从"为无为"即无为的角度去理解。唐玄宗本章注文显然并没有完全从自然无为的角度去理解，他更多的是从老子"三宝"中的慈德出发去理解老子的。

吾言甚易知章第七十

吾言甚易知，甚易行，

老君云，吾所说，言契理，故易知；简事，故易行。

天下莫能知，莫能行。

天下之人滞言而不悟，烦事而不约，故莫能知，莫能行。

言有宗，事有君。

言者在理，理得而言忘，故言以无言为宗；事者在功，功成而不宰，故事以无事为君也。

夫唯无知，是以不我知。

夫唯代人无了悟之知，是以不知我无言无事之教。

知我者希，则我者贵，

了知我忘知之意者希少，法则我不言之教者至贵。

是以圣人被褐怀玉。

被褐者，晦其外；怀玉者，明其内。故知我者希少耳。

心解

本章注文发挥了老子的不言之教、无事之论，主张不执言教、得理忘言的思

---

① 许春华：《天人合道——老子哲学研究》，人民出版社，2013年，第223页。

维方式以及行忘知、无言、无事之教。

老子说自己所言，言语上契合于道理，由于道不远人，所以容易明白；行事上简易从事，所以也容易推行。只是天下之人，执着滞碍于世俗言说已久，以致不了悟简易之大道，繁文缛节甚多而不简省，所以并不能明了他所说的道理，自然也就不能够实践。语言只是一种工具，它的目的是表达道理，道理得到了、明白了，就可以把这个工具忘掉，所以，言说以无言境界为最高。一切事业的目的是取得功业，圣人无为，故虽取得功业而不居功主宰，所以事业以无为之事为高贵。

唐玄宗的政治风格偏于务实，这与他崇道、崇老的追求有着密切的关系。黄钊等人认为，唐玄宗"得理忘言"的理论是对魏晋时期玄学家特别是王弼"得意忘言"等言意之辨思想的继承与发展。[1] 我们认为，仅就经典诠释来说，"得理忘言"似比"得意忘言"更为合理。照王弼的"得意忘言"思想来说，那个"意"未必合于理性，因为人人都有自己所得之"意"，如此便容易导致非理性；如果把认识的任务明确为"得理"，则显得更为理性。

唐玄宗的"得理忘言"理论在《御制道德真经疏》中有更为明确的表达，在解释"希言自然"一句时他说："若能因彼言教，悟证精微，不滞筌蹄，则合于自然矣。"[2] 显然，言教对于精微的大道来说，就像捕鱼捉兔子的筌、蹄一样，只是一个工具，故不可执滞。言教本身也是有局限性的，受言说者的表达水平、语言信息过滤、言说背景不明等因素的影响，言教很难全面地表达出作者之"意"。所以唐玄宗认为，最重要的是把握言教背后的那个理。但他又认为，人的慧根有深浅之分，对于悟理之人，理既已了悟，言教自可遗忘；但对于处在渐悟阶段尚未了悟的人来说，言教是引导他们了悟不可或缺的工具。可以看出，他"得理忘言"的主张对老子思想和王弼的"得意忘言"既有继承、又有所发展，也和他重玄学的思维方式有着密切的关系。

---

① 黄钊主编：《道家思想史纲》，湖南师范大学出版社，1991年，第385页。
② 《唐玄宗御制道德真经疏》，《道藏》，第十一册，第766页。

知不知上章第七十一

知不知，上；不知知，病。

了法性空，本非知法，于知忘知，是德之上；不知知法，本性是空，于知强知，是行之病。

夫唯病病，是以不病。

夫唯能病，能知之病，是以不为强知所病也。

圣人不病，以其病病，是以不病。

唯圣人所以不病病[1]者，以其病众生强知之病，是以不病。

注

[1] 本句注文第一个"病"字后叠出一"病"字，疑衍。去掉后一"病"字，于义为长。

心解

本章注文从佛学、重玄学的立场出发，着重发挥了老子的认识论，主张人应该有自知之明，应自觉地绝弃世间有为俗学的强知之病，即便懂得了大道也要忘掉这一事实，好像自己不懂一样。

注文大意说，懂得世间各种事物或现象（法）本性是空的道理，尚不算根本性的了悟；了悟诸法本性是空后，还要再遣忘掉这个了悟，才是最上等之德。世间有为之俗人，不懂得根本性的了悟和诸法本性是空的智慧，常常强不知而以为自己已能知，这是认识实践中的一大弊病。只有先正视这一缺陷，才能不为此种习气所熏染。

要读懂唐玄宗本章注文，必须首先了解佛教的"缘起性空"理论。"缘起性空"论是佛教对世间事物是从哪里来的、死了之后要到哪里去等与生死相关的、终极的、存在论的、本原的问题所做出的回答。这种理论认为，世间的各种事物与现象（诸法）都是暂时的，都是其他"助缘"因素"因缘和合"所产生的结果，所以，我们所看到的世间诸法都是暂时的，一切都在流变（诸行无常）；都无自己永恒的自性，也都是"无我"的（诸法无我）。这种理论因而反对永恒，反对我执，反对对生命、财富、权力等世俗嗜欲的贪念与错误认知（佛教认为贪、嗔、痴为"三毒"），使信仰者得以解脱贪执所带来的痛苦（涅槃寂静）。由于唐玄宗深受重玄学思维方式的影响，在他看来，了悟"缘起性空"的道理之后，还要忘却这种欲知之心与已经了悟的道理，这才是最上乘的德！

我们知道，老子主张"为学日益，为道日损"，反对有为之俗学和争竞之知，提倡"自然无为"的大智慧。孔子也主张"知之为知之，不知为不知，是知也"。在尊重客观事实和规律方面，儒道两家颇有共通之处。在唐玄宗看来，世间凡俗之人强不知以为知，只会导致争竞智诈日兴，颠倒民之正性与风气。只是，他用佛教的"缘起性空"理论和重玄学的思维方式来解老，不一定符合老子的本意。

人不畏威章第七十二

人不畏威，则大威至。

有威而可畏谓之威。言人于小不畏，拙于慎微，则至于大可畏也。

无狭其所居，

神所居者，心也。无狭者，除情去欲，使虚而生白。

无厌其所生。

身所生者，神也。无厌者，少思寡欲，使不劳倦。

夫唯不厌，是以不厌。

夫唯人不厌神，是以神亦不厌人。

是以圣人自知不自见，自爱不自贵。

　　自知其身，防可畏之事；自爱其身，无厌神之咎。不自见其能以犯患，不自贵其身以聚怨也。

故去彼取此。

　　去彼见贵，取此知爱。

心解

　　本章注主要从无为哲学之"理身"的一面来解读老子，提出了谨小慎微、除情去欲、少思寡欲、后其身外其身的几个修养要点。唐玄宗在《御制道德真经疏释题》中说："……明道德生畜之源罔不尽此（指道、德二篇），而其要在乎理身理国。理国则绝矜尚华薄，以无为不言为教……理身则少私寡欲，以虚心实腹为务。"[1] 尽管唐玄宗主张《道德经》之要在于理身理国，事实上，该书哪怕是最抽象的涉及本体论的内容，也是变相地在谈论治国，全书涉及理身的内容并不多，其最终目的也是为理国服务。

　　注文认为，朝廷有法律刑罚之威严值得敬畏，这叫做"威"。若百姓对于细小之处随意放肆、无敬畏之心，在谨小慎微方面便会做不好，如此则迟早会触犯法律刑罚这种大可畏之"威"。人的精神居所在心，所谓"无狭其所居"，指的是除掉心上的七情六欲，使其达到一种空灵安静的纯净状态。人的肉体存在以精神为前提，"无厌其所生"告诉我们，要少思维、寡贪欲，使精神不至于过度劳累疲倦。人只有做到不过于劳倦，精神才能长久地居住于心所乃至长生久视。因此，圣人能自知其身体的种种情势，不逾本分、不散正性，以防大可畏之事；爱惜自己的身体，少思寡欲，减少精神活动，因而无精神过劳之咎。以是之故，圣人能做到既不会显现其能力以致触犯患累，也不会自我矜贵其身居于众人之上而招怨。

　　在第六十三、六十四两章注文中，唐玄宗系统发挥了老子慎终如始的忧患意识。在他看来，每个人都有自己的性分，性分中有些东西该有，有些东西注定则

---

　　① 《唐玄宗御制道德真经疏》，《道藏》，第十一册，第749页。

无。性分中，历数不在恭，为则必败，越分伤性，必定会触犯国家法律制度，以致祸患及身。要想避免，只能谨小慎微，在正性未散、有为有事之征兆初现之时抓紧整饬。

我们知道，唐朝时避唐太宗名讳，文献中的"世"字几乎皆改用"代"字，"民"字则改为"人"，或者用缺笔，唐玄宗御注所依《道德经》版本更是如此。开头一句"人不畏威"，唐以前的版本均作"民不畏威"。"民"与"人"在内涵和外延上有明显的区别，易之一字，谬以千里。老子本意是告诫统治者，如果百姓不畏惧刑罚之威，那么大的祸患就要到来了，而唐玄宗本篇注文则从精神领域及理身角度进行解读，不免沦于误读。① （注：下文仍用"民"字）

勇于敢章第七十三

勇于敢则杀，勇于不敢则活。

敢谓果敢。言人勇于果敢从事，则失于谦柔退让，必害于身，故云则杀。不敢者则可以活身矣。

知此两者，或利或害。天之所恶，孰知其故？

两者，敢与不敢也。或，有也。能知不敢者有利，敢者有害，当须勇于不敢。此勇敢之人，动有灾害，乃天之所恶，孰能知其故哉？

是以圣人犹难之。

圣人犹难为勇敢之事。

天之道，不争而善胜，

此下言天道谦虚，以戒人事勇敢。天不与物争，四时盈虚，物无违者，故善于胜。

---

① 参见高专诚：《御注老子》，山西古籍出版社，2003年，第406页。

不言而善应，

天何言哉！福善祸淫，曾无差忒，故云善应。

不召而自来，

天道不召物使从己，物不能违，自来顺天耳。

繟然而善谋。

天道玄远，繟然宽大，垂象示人，可则之，故云善谋也。

天网恢恢，疏而不失。

天之网罗，虽恢恢疏远，刑淫赏善，毫分不失。

心解

　　本章注文中，唐玄宗借天道的谦柔退让以诫人事的勇于果敢从事，从而申明谦退不争的政治主张与人生哲学。

　　注文大意说，人们若果敢从事，就会在谦柔退让方面有所失而变得刚强自满，这样一定会给自身带来危害，所以老子说"勇于敢则杀"，不勇之人反而得以生存下去。人们如果能了悟这个道理，就应该勇于成为不果敢从事之人。

　　天道周行不息，不与人争，四时自然交替，人与物都随之变换行动与作息。天从不开口说话，然而奖励从善之人使善者得福报、惩罚淫邪之徒使恶人得恶报，又何曾有过差错？所以说天道虽不言，然善于使人与万物应之而动。天道幽深遥远，虽然行动安然迟缓、宽宏大度，然而能垂其瑞象或灾异现象显示于人，人可法之，或行或改。

　　"天人合一"是中国哲学史上一个极为重要的命题，儒家与道家均有与之相关的主张。同为儒者，孟子、董仲舒、张载、朱熹的主张又不相同。就本章注文来看，唐玄宗明显主张天有赏善祸淫之功能天与人之间相感应，他的这一主张或许受到董仲舒天人关系论的影响。

　　我们知道，老子哲学体系中最高的超越性概念是道。"道法自然"，这是天之道；推天道以明人事，自然原则落实在人道上便是无为。天道有谦退不争的特征，唐玄宗本章注文便主要从谦退不争的方面对老子经文进行了解读，不得不说，老子原文中最重要的自然无为的意涵被他无意中淡化了。

民常不畏章第七十四

民常不畏死，奈何以死惧之？

纵放情欲，动之死地，习以为常，尝无畏者。人君当以清静化之，奈何更立刑法以诛杀恐惧之？

若使人常畏死而为奇者，吾得执而杀之，孰敢？

若使代人皆从清静之化，不敢溺情纵欲，常畏于死，而独为奇诈者，假令吾势得执杀此奇诈之人，孰敢即杀？故下文云。

常有司杀者杀，

如此奇诈之人，天网不失，是常有天之司杀者杀之也。

夫代司杀者杀，是谓代大匠斫。

人君好自执杀，必不得天理，是犹拙夫代大匠斫木。

夫代大匠斫，希有不伤其手矣。

拙夫代斫，岂但伤材？亦自伤其手。人君任用刑法，代彼司杀，岂唯残害百姓？抑亦自丧天和[1]也。

注

[1] 天和：多指自然的祥和之气，本句中指得自于道的冲和妙气，冲气和柔。

心解

本章注文中，唐玄宗表达了清静寡欲、教民化民，反对任用刑法以诛杀和恐吓百姓的政治主张。

注文大意说，百姓放纵自己的七情六欲，勇于果敢从事，不符合天道无为之原则，所以动辄走入死地却仍不畏惧。人君应当以清静无为之法教化他们，怎么

能设立刑名法则以判其死刑或恐吓他们呢？假如世俗百姓都能顺从人君清静无为之教化，不敢沉溺七情、放纵六欲，就会常常畏惧死亡。世俗的人君若喜好执缚诛杀，便不符合天之慈爱、自然无为之原则，这就好比笨手笨脚之徒代大木匠斫削树木一样胡乱作为。这样不仅会毁伤木材本身的材质，也容易伤到自己的手。同样的，在政治领域，人君任用刑法作为治国利器，代天行司杀之责，不仅是在残害百姓，也会使人君自身丧失天然的和柔。

唐玄宗主张，人君自己要先做到清静寡欲，才有可能以此来教化民众。其次，人的欲望是无止境的，统治者要引导人们虚其欲、实其腹，弱其争竞之志，使民风民性复归于淳朴，这样，人君就不再需要以刑名法度来诛杀或恫吓百姓了。

上章中我们谈到，唐玄宗主张天是有赏善祸淫之功能的道德性之天，同时也是一个有意志的人格神。天的行动法则是效法道，道的行动法则是自然无为。所以天之道首先意味着自然无为，落实到人道和政治治理上，就是无为、无事、不扰。他还主张，民性、民风就像未经打磨雕刻的原料一样，人君要善于因其材质而教化引导其向善，而不能拂逆民风民性胡乱作为，这会伤害本应被清静无为之政所化的民风民性。冲和妙气生成万物，今民有罪而人君代天司杀之，一伤生万物、育万民之职分，二伤慈德。所以，在他看来，刑名法条绝不可以作为治国理政的利器。

民之饥章第七十五

民之饥，以其上食税之多，是以饥。

天下之民所以饥之不足者，以其君上食用赋税之太多故耳。

民之难治，以其上之有为，是以难治。

天下之民所以难治化者，以其君上之有为，有为则多难，多难则诈兴，是以难治。

民之轻死，以其[1]求生之厚，是以轻死。

天下之人所以轻其死者，以其违分求生太厚之故，是以轻死。

夫唯无以生为者，是贤于贵生。

自然之分定则生全。若养过其分，分过则生亡矣。故夫唯无以厚其生为者，是贤于矜贵其生。

注

[1] 检上两句经文句式，本句"以其"之后亦当有一"上"字，疑脱。

心解

本章注唐玄宗根据经文批判了世俗人君聚敛、有为、养生过度的行为，从而主张自然无为之原则。

唐玄宗批判道，天下百姓之所以常常遭遇饥荒乃至匮乏，是君上收取赋税太多、太重的缘故，赋税太多太重，超过物产之量，于是饥荒和匮乏因之而生。天下百姓之所以难以治理和教化，是因为君上太过有为，乃至政令烦苛、多欲扰民。君上多欲有为，便容易使民、扰民，必定常常碰到困难与灾难。困境与灾难之下，老百姓就会役使智诈以应付人君，于是智诈不实之风日甚一日，老百姓就更难有效治理。人的本分与性分是天然的，能安守于自己的本分，生命就得以保全；如果养护生理之举超过本分之限度，便易动入死地。

我们知道，政府的经济来源主要就是课税。课税就要有一定的限度，超过必要的限度，封建王朝和君上便无法进行持续性的统治，这就是中国历史上王朝不断更迭的原因。于是，唐玄宗注中批评世俗人君的第一个毛病就是赋税过多，超过了百姓所能承受之限度，从而主张适度课税、节俭爱费，也就是老子"三宝"中的俭德。第五十九章注中唐玄宗说道，人君首先要节俭爱费，如此既积累了德行（"重积德"）又能长养百姓，政权方能稳固。

唐玄宗批判世俗人君第二个弊端是有为过度。君上有为过度，就会大量使民甚至夺农时以使民，繁重的徭役容易致使民疲惫不堪，最终危及王朝的生存。

"民之轻死"一句，原文少一"上"字，如此便导致批评的话锋由养生太厚

的人君转向了轻死之百姓。历朝历代，老百姓所争也无非基本的生存权利而已。"民之轻死"一句，唐玄宗把批判对象搞错无疑与他统治者的身份有关。

民之生章第七十六

民之生也柔弱，其死也坚强。万物草木生也柔脆，其死也枯槁。故坚强者死之徒，柔弱者生之徒。

生之柔弱，和气全也；死之坚强，和气散也。欲明守柔弱者全生保年，为强梁者亡身失性。

是以兵强则不胜，

见哀者胜，故知恃强者必败。

木强则共。

木本强大，故处于下；枝条柔弱，共生于上。盖取其柔弱者在上，强梁者在下，故下文云。

强大处下，柔弱处上。

心解

本章注唐玄宗发挥了老子"柔弱胜刚强"的道理，在理身方面主张守柔的人生态度，在军事上主张慈哀于人、不恃强，在政治上主张谦柔。

唐玄宗认为，人活着的时候，身体的柔弱状态表明人得自道的冲和妙气是完全的；相反，人死了之后的坚硬的状态表明冲和妙气已经离散。老子用人与万物生时柔弱、死后坚挺的状态表明，持守柔弱的态度是保全生命、延长年岁之途，为强梁的态度则是自寻灭亡、失去正性之径。慈哀于人的人君与统帅常常能够胜过敌手，便知道恃强凌弱之徒注定失败。不管是在用兵、政治，还是人生理身方面，都应该抛弃恃强而采取持守柔弱的处事态度。

"冲和妙气"是唐玄宗道家思想体系中的一个重要概念。在他看来，生成万物的那个最本原的东西是道，也即他常常提到的"妙本"，但生成万物的最本根的东西，即那个"最开始的有"则是"冲和妙气"，"冲和妙气"又是由道的运动作用而产生的。唐玄宗在注老的过程中，赋予了柔弱谦卑之教以更多哲学上的本体论和生成论意义，抽象思辨的理性色彩更为明显。

天之道章第七十七

天之道，其犹张弓乎！

天道玄远，非喻不明，故举张弓以彰其用耳。

高者抑之，下者举之；有余者损之，不足者与之。

张弓如此，乃能命中，是犹天道亏盈益谦，欲令人君法天字[1]人，故示抑高举下之道。

天之道，损有余补不足。人之道则不然，损不足以奉有余。

天道平于哀多益寡，[2]人则违天翻损不足。

孰能以有余奉天下？唯有道者。

谁能以己之有余奉与天下之不足者乎？独有道者能耳！

是以圣人为而不恃，

圣人法天，称物均施，施平于物，而不恃其功。

功成不处，

推功于物，不处其成。

其不欲见贤。

圣人所以推功不处者，盖不欲令物见其贤能。

注

[1] 字：养育、抚育之意。

〔2〕参见《易·谦卦》:"〈象〉曰:地中有山,谦。君子以裒多益寡,称物平施。"裒,刨除、减少。

心解

本章注文主要发挥了老子的公平思想和谦德思想,主张减损物质财富过多者、倾斜于匮乏者的政治与社会福利政策。

注文认为,天道玄远微妙,需要借助比喻人们才能明白,所以老子以拉弓射箭为喻来彰显天道之公平。在射箭时,如果箭矢的尖部高于鹄的,射箭的人就要往下压一点;反之,就要往上再抬高一点,正如天道减损盈满、增益谦退的法则。老子以张弓射箭言明天道亏盈益谦的道理,晓喻人君效法天道、抚爱万民。天道无私,公平地施与天下之人与万物,人之道则相反,偏偏减损匮乏者的物质财富奉与那财富有余之人。圣人效法天道,权衡人与万物来公平地施与,有功而不负恃其有功,忘功而功不去。圣人将功劳推之于万物,而不乐享那成功之名,同时又免兴尚贤之风,因为一旦尚贤则有迹可循,循迹则争竞之心兴起。

天道亏盈益谦,裒多益寡,称物平施,有功而不恃其功,所以才能忘功而功存。可见,谦退不争、公平无私是无为哲学的题中应有之义,无为也不是不讲功用和功德,而是在有功的前提下不恃其功、不处其功。唐玄宗有人之道损不足的感慨,大约是鉴于隋炀帝横征暴敛、有为过甚、隋亡之鉴不远之教训。总之,唐玄宗对道家思想理论的解读有着丰富的政治实践根据,所以并不空洞。

天下柔弱章第七十八

天下柔弱莫过于水,而攻坚强者莫之能胜。其无以易之。

以坚攻坚,必两坚俱损。柔制强者,则强损而柔全。故用攻坚强者,无以易于水者矣。

故柔胜刚，弱胜强，天下莫不知，莫能行。

柔弱之道，胜于刚强，天下之人，无不知者，知有此道，不能行也。

是以圣人言：受国之垢，是谓社稷主；受国不祥，是谓天下王。

引万方之罪[1]，是受国之垢浊；称孤寡不穀，是受国之不祥。其德如此，则社稷有奉，故天下之人归往矣。

正言若反。

受国之垢，为社稷主；受国不祥，为天下王。是必正言初若反俗，故云正言若反。

注

[1] "万方之罪"参见《论语·尧曰》："尧曰：'咨！尔舜！天之历数在尔躬。允执其中。四海困穷，天禄永终。'舜亦以命禹。曰：'予小子履，敢用玄牡，敢昭告于皇皇后帝：有罪不敢赦。帝臣不蔽，简在帝心。朕躬有罪，无以万方；万方有罪，罪在朕躬。'"① 有学者推断，这段话当为商汤王祈福祭天时的祷告之词，意思是说四面八方的人如果有罪，那是我没有治理教化好他们，罪责都由我一个人承担，请不要惩罚他们。此为"受国之垢"。

心解

本章注以水晓喻人君当执守柔弱谦退之道。如此，方能使社稷稳固、天下之人乐于归往。

在老子和唐玄宗看来，"水"是最接近道的法则的东西，由于道体抽象、非喻不明，所以他们实际上是把"水"作为道的象征物来彰显的。许春华认为，老子看重水一是因为水甘居柔弱，是"几于道"的体现，二是因为水"善利万物"，三是因为水是"弱之胜强，柔之胜刚"的典范，体现了道体"无为之为而无不为"的特点。② 这样分析诚然很有道理，但从生活常识与观察体验客观现象的角

① 朱熹：《四书章句集注》，中华书局，1983年，第193页。
② 许春华：《天人合道——老子哲学研究》，人民出版社，2013年，第242～243页。

度来看，老子之所以反复褒扬水，原因可能在于：第一，人人都被其茂养之德，此点似道；第二，水的特性是就下，这一点似有德之人君。在唐玄宗看来，除了上述第二点与君德有联系外，水还兼有洗涤万物、荡涤污浊的能力以及静之徐清、平可取法、清可鉴人的特点，此外，水无自身之形状，随物而定，公平无私。

和大怨章第七十九

和大怨，

与身为怨对之大者，情欲也。和，谓调和也。言人君欲以言教调和百姓，使无情欲，故曰和大怨。

必有余怨，

立教化人，不能无迹，斯迹之弊，还与为怨。故曰必有余怨。

安可以为善？

既有余怨，则不可以为善。

是以圣人执左契，而不责于人。

左契者，心也。心为阳藏，与前境契合，故谓之左契耳。圣人知立教则必有迹，有迹即是余怨，故执持此心，使令清静，下人化之，则无情欲，不烦诛责，自契无为。

故有德司契，无德司彻。

司，主也。彻，通也。言有德之君主司心契，则人自化，无德之主则将立法以通于人，为法之弊，故未为善。

天道无亲，常与善人。

司契则清静，立法则凋残，皇天无亲，惟德是辅。故人君者，常思淳化于无为，不可立法而生事。

心解

本章注文主张人君当以清静无为教化民众，反对用立法等有为之言教以临民。

理解本章老子经文，关键在于开头的"和大怨必有余怨"以及"天道无亲常与善人"两句。"和大怨，必有余怨"无非在于有德之圣人清静无为、谦退不争、功成不宰；而凡俗众生惑于名利权色，争竞不已。唐玄宗用民众之情欲来解释"有余怨"，大体能通。只是"司契"与"司徹"之解带有明显的佛学思想，不免偏离老子原意。

要想准确地理解本章经文老子所表达的意思，当从圣人无为而治、谦退不争的角度切入，唐玄宗从情欲的角度出发，最终又以佛学式的路径进行理解，不免偏离老子原意。他之所以如此，除了兼有要弘扬佛学与重玄学的目的外，根本上还是要为他的现实政治实践服务。

小国寡民章第八十

小国寡民，使有什伯之器而不用，

什，什也。伯，长也。此章明人君含其淳和无所求，及适有人材器堪为什伯伯长者，亦无所用之矣。

使民重死而不远徙。

少思寡欲，不轻用其生；敦本无求，不远迁徙。

虽有舟舆，无所乘之；虽有甲兵，无所陈之；使民复结绳而用之矣。

舟舆所以利迁徙，甲兵所以徇攻战，两者无欲，故无所乘陈，返朴还淳，复归于三皇结绳之用矣。

甘其食，

不食滋味，故所食常甘。

美其服，

不事文绣，故所服皆美。

安其居，

不饰栋宇，故所居则安矣。

乐其俗。

不浇淳朴，故其俗可乐也。

邻国相望，鸡犬之音相闻，

言其近也。

民至老死不相往来。

彼此俱足，无求之至。

心解

本章注文唐玄宗主要发挥了老子"小国寡民"的社会思想和历史观，主张人君无欲无求、不尚贤能，民亦从而寡欲无求、敦本返朴。

唐玄宗认为，有德之人君当含养其淳朴和柔、无欲无求，哪怕有贤能之人堪许为什伍伯长之任，人君也没有什么地方让他发挥特长，因此他的贤能在无欲无求的小国寡民社会里几于无用。在这里，人们亦少思想、寡欲望，他们圆满自足，敦笃于本分而无所求，也不会无故而远离故乡。因此，利于迁徙的船只马车鲜能派上用场；曲从于攻取作战目的的铠甲与兵器，也因君与民皆无欲无求而沦为摆设。

人们无欲无求，不追求山珍海味，于是不管吃什么都觉得味道甘美；不追求花纹美丽的锦绣绮罗，所以不管穿多么简陋的衣服都自感漂亮；不追求雕梁画栋、粉饰屋宇，所以不管住得多么简陋都觉得身心安宁；淳朴不离自身，所以礼仪民俗不繁琐，自然也会很有乐趣；相邻的邦国之间，老百姓打开户牖即能看见彼此，但因彼此间都能丰足，无需他求，所以到老死都可以不用往来。

本章承接上章，主张人君无为而治、谦退不争，君与民无欲无求，人君不需攻取杀伐以掠夺别国的土地与财富，老百姓自然也不用费尽心思四处迁徙而谋生活。老子主张的"小国寡民"，并非其所在时代的真实写照，许春华认为这里的"小"与"寡"当为形容词使动用法，即小其国、寡其民。[①]

信言不美章第八十一

信言不美，

信言者，圣教也。信，实也。言不韵于俗，故不美。

美言不信；

美言者，代教也。甘美之言，动合于俗，故不信。

善者不辩，

善者在行，无辩说。

辩者不善；

空滞辩说，故不善。

知者不博，博者不知。

知者，了悟也；博者，多闻也。

圣人不积，

积者，执言滞教，有所积聚也。圣人了言忘言，悟教遗教，一无执滞，故云不积。

既以与人，己愈有；既以与人，己愈多。

此明法性无尽。言圣人虽不积滞言教，然以法味诱导凡愚，尽以与人，于圣人清静之性，曾无减耗，唯益明了，故云愈有愈多。有，明自性；多，明外益。

① 许春华：《天人合道——老子哲学研究》，人民出版社，2013年，第287~288页。

天之道，利而不害。圣人之道，为而不争。

举天道利物不害者，将明圣人之道施为弘益，常以与人，故不争也。

心解

本章注文唐玄宗主要援引天之道利万物而不害的原则，告诫人君当施为与人而不争。

注文认为，"信言"是圣人之言教，因其真实、不合于世俗之人，所以不美；"美言"是世俗之言教，甜美华丽的言语辞藻处处合于世人之口味，所以不可信。善良之人，重在实地践行，不靠辩说，所以"善者不辩"；执滞于辩论与小的言说的人，通常是行动的侏儒，所以为不善之辈。由于世俗之言教意味着"为学日益"，所以就要靠日益见闻有所积聚、越聚越多的方式。而圣人言教是了悟言之意之后要忘掉言、了悟教之道之后遗忘教，这就要靠"为道日损"的方式，这种方式对于言、教均没有执着和滞碍，所以说"不积"。

有道之圣人，不积累日益的见闻、不执滞于世俗华美有为之言教，然而他以大道之正味劝导世俗凡夫愚人，即使把它全部传给别人，对于圣人清静无为的正性来说，也没有半点减损与消耗，所以说圣人"与人己愈有""与人己愈多"。"己愈有"，说的是圣人自身的正性；"己愈多"，说的是圣人正性与言教外溢，施与影响了别人。

最后两句老子似乎触及了人君施与人不求报、藏富于民而非藏富于君（不积）的问题，唐玄宗以法性、法味、清静之性这样的佛学词汇解老，略有些偏题。前文曾经谈到，唐玄宗有为其现实政治服务的考量，所以解老时并未完全遵从老子原意，这种误读，本身也是其思想发展逻辑中的"创造"。

附录

河南鹿邑太清宫遗址藏
《唐玄宗御注道德经》唐碑现状

正面　　　　　　　　　　　　侧面

（摄影/柳东华）

　　小记：笔者之一柳东华祖籍实为老子故里——河南省鹿邑县，祖父、祖母、外祖父、外祖母均为土生土长的鹿邑人。笔者以地域之便，得以近距离目睹太清宫所藏《唐玄宗御注道德经》唐碑，追寻家乡大圣人和唐玄宗的思想踪迹，实乃快事。

《唐玄宗御注道德经》所据《道德经》版本原文

道可道章第一

道可道，非常道；名可名，非常名。无名，天地之始；有名，万物之母。常无欲，以观其妙；常有欲，以观其徼。此两者同出而异名。同谓之玄。玄之又玄，众妙之门。

天下皆知章第二

天下皆知美之为美，斯恶已；皆知善之为善，斯不善已。故有无之相生，难易之相成，长短之相形，高下之相倾，音声之相和，前后之相随。是以圣人处无为之事，行不言之教。万物作而不辞，生而不有，为而不恃，功成不居。夫唯不居，是以不去。

不尚贤章第三

不尚贤，使民不争。不贵难得之货，使民不为盗。不见可欲，使心不乱。是以圣人之治虚其心，实其腹，弱其志，强其骨。常使民无知无欲，使夫知者不敢为也。为无为，则无不治矣。

道冲章第四

道冲而用之，或似不盈。渊兮，似万物之宗。挫其锐，解其纷，和其光，同其尘。湛兮似或存，吾不知其谁之子，象帝之先。

天地章第五

天地不仁，以万物为刍狗；圣人不仁，以百姓为刍狗。天地之间，其犹橐籥乎？虚而不屈，动而愈出。多言数穷，不如守中。

谷神章第六

谷神不死，是谓玄牝，玄牝之门，是谓天地根。绵绵若存，用之不勤。

天长地久章第七

天长地久。天地所以能长且久者，以其不自生，故能长生。是以圣人后其身而身先，外其身而身存。非以其无私邪？故能成其私。

上善若水章第八

上善若水。水善利万物而不争，处众人之所恶，故几于道。居善地，心善渊，与善仁，言善信，政善治，事善能，动善时。夫惟不争，故无尤。

持而盈之章第九

持而盈之，不如其已。揣而锐之，不可长保。金玉满堂，莫之能守。富贵而骄，自遗其咎。功成名遂身退，天之道。

载营魄章第十

载营魄抱一，能无离乎？专气致柔，能如婴儿乎？涤除玄览，能无疵乎？爱民治国，能无为乎？天门开阖，能为雌乎？明白四达，能无知乎？生之畜之，生而不有，为而不恃，长而不宰，是谓玄德。

三十辐章第十一

三十辐共一毂，当其无，有车之用。埏埴以为器，当其无，有器之用。凿户牖以为室，当其无，有室之用。故有之以为利，无之以为用。

五色章第十二

五色令人目盲，五音令人耳聋，五味令人口爽，驰骋田猎令人心发狂，难得之货令人行妨。是以圣人为腹不为目，故去彼取此。

宠辱章第十三

宠辱若惊，贵大患若身。何谓宠辱？宠为下，得之若惊，失之若惊，是谓宠辱若惊。何谓贵大患若身？吾所以有大患者，为吾有身，及吾无身，吾有何患？故贵以身为天下，若可寄天下；爱以身为天下，若可托天下。

视之不见章第十四

视之不见名曰夷，听之不闻名曰希，搏之不得名曰微。此三者不可致诘，故复混而为一。其上不皦，其下不昧，绳绳不可名，复归于无物，是谓无状之状、无物之象，是谓惚恍。迎之不见其首，随之不见其后。执古之道以御今之有，能知古始，是谓道纪。

古之善为士章第十五

古之善为士者，微妙玄通，深不可识。夫唯不可识，故强为之容。豫若冬涉川，犹若畏四邻，俨若客，涣若冰将释，敦兮其若朴，旷兮其若谷，浑兮其若浊。孰能浊以静之徐清？孰能安以久动之徐生？保此道者不欲盈，夫唯不盈，故能弊不新成。

致虚极章第十六

致虚极，守静笃，万物并作，吾以观其复。夫物芸芸，各复归其根。归根曰静，静曰复命。复命曰常，知常曰明，不知常，妄作，凶。知常容，容乃公，公乃王，王乃天，天乃道，道乃久。殁身不殆。

太上章第十七

太上，下知有之。其次，亲之誉之。其次，畏之侮之。信不足，有不信。犹其贵言。功成事遂，百姓谓我自然。

大道废章第十八

大道废，有仁义；智慧出，有大伪；六亲不和，有孝慈；国家昏乱，有忠臣。

绝圣弃智章第十九

绝圣弃智，民利百倍；绝仁弃义，民复孝慈；绝巧弃利，盗贼无有。此三者，以为文不足，故令有所属：见素，抱朴，少私，寡欲。

绝学无忧章第二十

绝学无忧。唯之与阿，相去几何？善之与恶，相去何若？人之所畏，不可不畏。荒兮，其未央哉。众人熙熙，如享太牢，如登春台。我独怕兮其未兆，如婴儿之未孩。乘乘兮，若无所归。众人皆有余，而我独若遗。我愚人之心也哉！纯纯兮。俗人昭昭，我独若昏；俗人察察，我独闷闷。忽若晦，寂兮似无所止。众人皆有以，我独顽似鄙。我独异于人，而贵求食于母。

孔德之容章第二十一

孔德之容，唯道是从。道之为物，唯恍唯惚。惚兮恍，其中有象；恍兮惚，其中有物。杳兮冥，其中有精；其精甚真，其中有信。自古及今，其名不去，以阅众甫。吾何以知众甫之然哉？以此。

曲则全章第二十二

曲则全，枉则直，洼则盈，弊则新，少则得，多则惑。是以圣人抱一，为天下式。不自见故明，不自是故彰，不自伐故有功，不自矜故长。夫唯不争，故天下莫能与之争。古之所谓曲则全者，岂虚言哉。诚全而归之。

希言自然章第二十三

希言自然。飘风不终朝，骤雨不终日。孰为此者？天地。天地尚不能久，而况于人乎？故从事于道者，道者同于道，德者同于德，失者同于失。同于道者，道亦得之；同于德者，德亦得之；同于失者，失亦得之。信不足，有不信。

跂者不立章第二十四

跂者不立，跨者不行，自见者不明，自是者不彰，自伐者无功，自矜者不长。其于道也，曰余食赘行。物或恶之，故有道者不处。

有物混成章第二十五

有物混成，先天地生，寂兮寥兮，独立而不改，周行而不殆，可以为天下母。吾不知其名，字之曰道，强为之名曰大。大曰逝，逝曰远，远曰返。故道大，天大，地大，王亦大。域中有四大，而王居其一焉。人法地，地法天，天法道，道法自然。

重为轻根章第二十六

重为轻根，静为躁君，是以君子终日行不离辎重。虽有荣观，燕处超然，奈何万乘之主，而以身轻天下？轻则失臣，躁则失君。

善行章第二十七

善行无辙迹，善言无瑕谪，善计不用筹策，善闭无关楗而不可开，善结无绳约而不可解。是以圣人常善救人，故无弃人；常善救物，故无弃物，是谓袭明。故善人，不善人之师；不善人，善人之资。不贵其师，不爱其资，虽知大迷，是为要妙。

知其雄章第二十八

知其雄，守其雌，为天下溪。为天下溪，常德不离，复归于婴儿。知其白，守其黑，为天下式。为天下式，常德不忒，复归于无极。知其荣，守其辱，为天

下谷。为天下谷，常德乃足，复归于朴。朴散则为器，圣人用之则为官长。故大制不割。

将欲章第二十九

将欲取天下而为之，吾见其不得已。天下神器，不可为也。为者败之，执者失之。故物或行或随，或煦或吹，或强或羸，或载或隳。是以圣人去甚，去奢，去泰。

以道佐人主章第三十

以道佐人主者，不以兵强天下，其事好还。师之所处，荆棘生焉。大军之后，必有凶年。故善者果而已，不敢以取强。果而勿矜，果而勿伐，果而勿骄，果而不得已，是果而勿强。物壮则老，是谓不道，不道早已。

夫佳兵章第三十一

夫佳兵者，不祥之器。物或恶之，故有道者不处。君子居则贵左，用兵则贵右。兵者，不祥之器，非君子之器。不得已而用之，恬淡为上，胜而不美。而美之者，是乐杀人。夫乐杀人者，不可得志于天下。吉事尚左，凶事尚右。偏将军处左，上将军处右，言以丧礼处之。杀人众多，以悲哀泣之。战胜，则以丧礼处之。

道常无名章第三十二

道常无名，朴虽小，天下不敢臣。侯王若能守，万物将自宾。天地相合以降甘露，人莫之令而自均。始制有名，名亦既有，夫亦将知止。知止所以不殆。譬道之在天下，犹川谷之与江海。

知人者智章第三十三

知人者智，自知者明。胜人者有力，自胜者强。知足者富，强行者有志，不失其所者久，死而不亡者寿。

大道泛兮章第三十四

大道泛兮，其可左右。万物恃之以生而不辞，功成不名有，爱养万物而不为主。常无欲，可名于小；万物归之不为主，可名于大。是以圣人终不为大，故能成其大。

执大象章第三十五

执大象，天下往；往而不害，安平泰。乐与饵，过客止。道之出口，淡乎其无味，视之不可见，听之不足闻，用之不可既。

将欲歙之章第三十六

将欲歙之，必固张之；将欲弱之，必固强之；将欲废之，必固兴之；将欲夺之，必固与之，是谓微明。柔弱胜刚强。鱼不可脱于渊，国之利器不可以示人。

道常无为章第三十七

道常无为而无不为，侯王若能守，万物将自化。化而欲作，吾将镇之以无名之朴。无名之朴，亦将不欲。不欲以静，天下将自正。

上德不德章第三十八

上德不德，是以有德；下德不失德，是以无德。上德无为而无以为，下德为之而有以为。上仁为之而无以为，上义为之而有以为，上礼为之而莫之应，则攘臂而仍之。故失道而后德，失德而后仁，失仁而后义，失义而后礼。夫礼者，忠信之薄而乱之首。前识者，道之华而愚之始。是以大丈夫处其厚，不处其薄；居其实，不居其华。故去彼取此。

昔之得一章第三十九

昔之得一者，天得一以清，地得一以宁，神得一以灵，谷得一以盈，万物得一以生，侯王得一以为天下正。其致之。天无以清将恐裂，地无以宁将恐发，神无以灵将恐歇，谷无以盈将恐竭，万物无以生将恐灭，侯王无以贵高将恐蹶。故贵以贱为本，高以下为基。是以侯王自谓孤寡不穀。此其以贱为本邪？非乎？故致数舆无舆。不欲琭琭如玉，落落如石。

反者道之动章第四十

反者，道之动；弱者，道之用。天下之物生于有，有生于无。

上士闻道章第四十一

上士闻道，勤而行之；中士闻道，若存若亡；下士闻道，大笑之，不笑不足以为道。建言有之：明道若昧，进道若退，夷道若纇。上德若谷，大白若辱，广德若不足，建德若偷，质真若渝。大方无隅，大器晚成，大音希声，大象无形。道隐无名，夫唯道，善贷且成。

道生一章第四十二

道生一，一生二，二生三，三生万物。万物负阴而抱阳，冲气以为和。人之所恶，唯孤寡不穀，而王公以为称。故物，或损之而益，益之而损。人之所教，亦我义教之。强梁者不得其死，吾将以为教父。

天下之至柔章第四十三

天下之至柔，驰骋天下之至坚，无有入于无间，吾是以知无为之有益。不言之教，无为之益，天下希及之。

名与身孰亲章第四十四

名与身孰亲？身与货孰多？得与亡孰病？是故甚爱必大费，多藏必厚亡。知足不辱，知止不殆，可以长久。

大成若缺章第四十五

大成若缺，其用不弊；大盈若冲，其用不穷。大直若屈，大巧若拙，大辩若讷。躁胜寒，静胜热，清净为天下正。

天下有道章第四十六

天下有道，却走马以粪；天下无道，戎马生于郊。罪莫大于可欲，祸莫大于不知足，咎莫大于欲得，故知足之足，常足矣。

不出户章第四十七

不出户，知天下；不窥牖，见天道。其出弥远，其知弥少。是以圣人不行而知，不见而名，不为而成。

为学日益章第四十八

为学日益，为道日损。损之又损之，以至于无为，无为而无不为。取天下常以无事，及其有事，不足以取天下。

圣人无常心章第四十九

圣人无常心，以百姓心为心。善者，吾善之；不善者，吾亦善之，德善。信者，吾信之；不信者，吾亦信之，德信。圣人在天下，惵惵为天下浑其心。百姓皆注其耳目，圣人皆孩之。

出生入死章第五十

出生入死。生之徒十有三，死之徒十有三。人之生，动之死地，十有三。夫何故？以其生生之厚。盖闻善摄生者，陆行不遇兕虎，入军不被甲兵，兕无所投其角，虎无所措其爪，兵无所容其刃。夫何故？以其无死地。

道生之章第五十一

道生之，德畜之，物形之，势成之。是以万物莫不尊道而贵德。道之尊，德之贵，夫莫之爵而常自然。故道生之、畜之、长之、育之、成之、熟之、养之、覆之。生而不有，为而不恃，长而不宰，是谓玄德。

天下有始章第五十二

天下有始，以为天下母。既得其母，以知其子；既知其子，复守其母，没身不殆。塞其兑，闭其门，终身不勤。开其兑，济其事，终身不救。见小曰明，守柔曰强。用其光，复归其明，无遗身殃，是谓袭常。

使我介然章第五十三

使我介然有知，行于大道，唯施甚畏。大道甚夷，民甚好径。朝甚除，田甚芜，仓甚虚。服文采，带利剑，厌饮食，财货有余，是谓盗夸。非道也哉。

善建不拔章第五十四

善建者不拔，善抱者不脱，子孙祭祀不辍。修之身，其德乃真；修之家，其德乃余；修之乡，其德乃长；修之国，其德乃丰；修之天下，其德乃普。故以身观身，以家观家，以乡观乡，以国观国，以天下观天下。吾何以知天下之然哉？以此。

含德之厚章第五十五

含德之厚，比于赤子。毒虫不螫，猛兽不据，攫鸟不搏。骨弱筋柔而握固，未知牝牡之合而朘作，精之至。终日号而不嗄，和之至。知和曰常，知常曰明，益生曰祥，心使气曰强。物壮则老，是谓不道，不道早已。

知者不言章第五十六

知者不言，言者不知。塞其兑，闭其门，挫其锐，解其纷，和其光，同其尘，是谓玄同。故不可得而亲，不可得而疏；不可得而利，不可得而害；不可得而贵，不可得而贱，故为天下贵。

以政治国章第五十七

以政治国，以奇用兵，以无事取天下。吾何以知天下其然哉？以此。天下多忌讳，而民弥贫；人多利器，国家滋昏；人多伎巧，奇物滋起；法令滋彰，盗贼多有。故圣人云：我无为而民自化，我无事而民自富，我好静而民自正，我无欲而民自朴。

其政闷闷章第五十八

其政闷闷，其民淳淳；其政察察，其民缺缺。祸兮福所倚，福兮祸所伏。孰知其极？其无正邪？正复为奇，善复为妖，民之迷，其日固久。是以圣人方而不割，廉而不刿，直而不肆，光而不耀。

治人事天章第五十九

治人事天莫若啬。夫唯啬，是谓早服。早服谓之重积德，重积德则无不克，无不克则莫知其极，莫知其极，可以有国。有国之母，可以长久。是谓深根固蒂，长生久视之道。

治大国章第六十

治大国若烹小鲜。以道莅天下，其鬼不神。非其鬼不神，其神不伤民；非其神不伤民，圣人亦不伤民。夫两不相伤，故德交归焉。

大国者下流章第六十一

大国者下流，天下之交。天下之交牝。牝常以静胜牡，以静为下。故大国以下小国，则取小国；小国以下大国，则取大国。故或下以取，或下而取。大国不过欲兼畜人，小国不过欲入事人，两者各得其所欲，故大者宜为下。

道者万物之奥章第六十二

道者万物之奥，善人之宝，不善人之所保。美言可以市，尊行可以加人。人之不善，何弃之有？故立天子，置三公，虽有拱璧，以先驷马，不如坐进此道。古之所以贵此道者何？不曰求以得，有罪以免耶？故为天下贵。

为无为章第六十三

为无为，事无事，味无味。大小多少，报怨以德。图难于其易，为大于其细。天下难事必作于易，天下大事必作于细，是以圣人终不为大，故能成其大。夫轻诺必寡信，多易必多难。是以圣人犹难之，故终无难。

其安易持章第六十四

其安易持，其未兆易谋，其脆易破，其微易散。为之于未有，治之于未乱。合抱之木，生于毫末；九层之台，起于累土；千里之行，始于足下。为者败之，执者失之。是以圣人无为，故无败；无执，故无失。民之从事，常于几成而败之。慎终如始，则无败事。是以圣人欲不欲，不贵难得之货。学不学，复众人之所过。以辅万物之自然，而不敢为。

古之善为道章第六十五

古之善为道者，非以明民，将以愚之。民之难治，以其智多。是故以智治国，国之贼；不以智治国，国之福。知此两者，亦楷式。常知楷式，是谓玄德。玄德深矣远矣，与物反矣，然后乃至大顺。

江海为百谷王章第六十六

江海所以能为百谷王者，以其善下之，故能为百谷王。是以圣人欲上人，以其言下之；欲先人，以其身后之。是以处上而人不重，处前而人不害。是以天下乐推而不厌。以其不争，故天下莫能与之争。

天下皆谓章第六十七

天下皆谓我道大，似不肖。夫唯大，故似不肖。若肖，久矣其细也夫。我有三宝，保而持之：一曰慈，二曰俭，三曰不敢为天下先。夫慈，故能勇；俭，故能广；不敢为天下先，故能成器长。今舍其慈且勇，舍其俭且广，舍其后且先，死矣。夫慈，以战则胜，以守则固，天将救之，以慈卫之。

善为士章第六十八

善为士者不武，善战者不怒，善胜敌者不争，善用人者为之下。是谓不争之德，是谓用人之力，是谓配天，古之极也。

用兵有言章第六十九

用兵有言，吾不敢为主而为客，不敢进寸而退尺。是谓行无行，攘无臂，仍无敌，执无兵。祸莫大于轻敌，轻敌者几丧吾宝。故抗兵相加，哀者胜矣。

吾言甚易知章第七十

吾言甚易知，甚易行，天下莫能知，莫能行。言有宗，事有君。夫唯无知，是以不我知。知我者希，则我者贵，是以圣人被褐怀玉。

知不知上章第七十一

知不知，上；不知知，病。夫唯病病，是以不病。圣人不病，以其病病，是以不病。

人不畏威章第七十二

人不畏威，则大威至。无狭其所居，无厌其所生。夫唯不厌，是以不厌。是以圣人自知不自见，自爱不自贵。故去彼取此。

勇于敢章第七十三

勇于敢则杀，勇于不敢则活。知此两者，或利或害。天之所恶，孰知其故？是以圣人犹难之。天之道，不争而善胜，不言而善应，不召而自来，繟然而善谋。天网恢恢，疏而不失。

民常不畏章第七十四

民常不畏死，奈何以死惧之？若使人常畏死而为奇者，吾得执而杀之，孰敢？常有司杀者杀，夫代司杀者杀，是谓代大匠斫。夫代大匠斫，希有不伤其手矣。

民之饥章第七十五

民之饥，以其上食税之多，是以饥。民之难治，以其上之有为，是以难治。民之轻死，以其求生之厚，是以轻死。夫唯无以生为者，是贤于贵生。

民之生章第七十六

民之生也柔弱，其死也坚强。万物草木生也柔脆，其死也枯槁。故坚强者死之徒，柔弱者生之徒。是以兵强则不胜，木强则共。强大处下，柔弱处上。

天之道章第七十七

天之道，其犹张弓乎！高者抑之，下者举之；有余者损之，不足者与之。天之道，损有余补不足。人之道则不然，损不足以奉有余。孰能以有余奉天下？唯有道者。是以圣人为而不恃，功成不处，其不欲见贤。

天下柔弱章第七十八

天下柔弱莫过于水，而攻坚强者莫之能胜。其无以易之。故柔胜刚，弱胜强，天下莫不知，莫能行。是以圣人言：受国之垢，是谓社稷主；受国不祥，是谓天下王。正言若反。

和大怨章第七十九

和大怨，必有余怨，安可以为善？是以圣人执左契，而不责于人。故有德司契，无德司徹。天道无亲，常与善人。

小国寡民章第八十

小国寡民，使有什伯之器而不用，使民重死而不远徙。虽有舟舆，无所乘之；虽有甲兵，无所陈之；使民复结绳而用之矣。甘其食，美其服，安其居，乐其俗。邻国相望，鸡犬之音相闻，民至老死不相往来。

信言不美章第八十一

　　信言不美，美言不信；善者不辩，辩者不善；知者不博，博者不知。圣人不积，既以与人，己愈有；既以与人，己愈多。天之道，利而不害。圣人之道，为而不争。

参考文献

曹础基，2000. 庄子浅注［M］. 北京：中华书局.

程树德，1990. 论语集释［M］. 北京：中华书局.

程卫平，2010. 唐玄宗老学思想研究——以《道德真经》注疏为中心［D］. 咸阳：西藏民族学院.

池田知久，2019. 问道：《老子》思想细读［M］. 王启发，曹峰，译. 桂林：广西师范大学出版社.

董恩林，2002. 唐代老学：重玄思辨中的理身理国之道［M］. 北京：中国社会科学出版社.

董恩林，2003. 唐代《老子》诠释文献研究［M］. 济南：齐鲁书社.

董恩林，2005.《道藏》四卷本《唐玄宗御制道德真经疏》辨误［J］. 宗教学研究（1）：3-7.

冯友兰，1985. 中国哲学简史［M］. 涂又光，译. 北京：北京大学出版社.

高专诚，2003. 御注老子［M］. 太原：山西古籍出版社.

葛荃，2017. 走出王权主义藩篱：中国传统政治文化研究［M］. 天津：天津人民出版社.

郭芹纳，2017. 唐玄宗御注三经［M］. 西安：三秦出版社.

何建明，1997. 道家思想的历史转折［M］. 武汉：华中师范大学出版社.

何雄就，2010. 从唐玄宗《御注老子》与王弼《老子注》看其思想的同异［J］. 网络财富（19）：128-129.

胡孚琛，1995. 中华道教大辞典［M］. 北京：中国社会科学出版社.

黄俊，2011. 唐玄宗道家思想研究［D］. 武汉：华中师范大学.

黄寿祺，张善文，2001. 周易译注［M］. 上海：上海古籍出版社.

黄钊, 1991. 道家思想史纲［M］. 长沙：湖南师范大学出版社.

贾延清, 李金泉, 2013. 唐明皇御注道德经［M］. 北京：中央编译出版社.

蒋庆, 盛洪, 2014. 以善致善：蒋庆与盛洪对话［M］. 福州：福建教育出版社.

康德衡, 2015.《道德经》"治大国若烹小鲜"新解［J］. 宗教学研究（1）：22－26.

李大华, 2019. 老子的智慧［M］. 北京：北京大学出版社.

李大华, 李刚, 何建明, 2011. 隋唐道家与道教［M］. 北京：人民出版社.

李道平, 1994. 周易集解纂疏［M］. 北京：中华书局.

李叔还, 1987. 道教大辞典［M］. 杭州：浙江古籍出版社.

刘韶军, 1997. 唐玄宗·宋徽宗·明太祖·清世祖《老子》御批点评［M］. 长沙：湖南人
民出版社.

王弼, 楼宇烈, 2008. 老子道德经注校释［M］. 北京：中华书局.

卢国龙, 1993. 中国重玄学：理想与现实的殊途与同归［M］. 北京：人民中国出版社.

卢璐, 2014. 试论唐玄宗《道德真经》注疏中的帝王理身与无为理国思想［J］. 山东青年
政治学院学报（2）：145－149.

吕锡琛, 2014. 善政的追寻——道家治道及其践行研究［M］. 北京：人民出版社.

麦谷邦夫, 朱越利, 1990. 唐玄宗《道德真经》注疏中的"妙本"［J］. 世界宗教研究
（2）：82－89.

清宁子, 2010. 老子道德经通解［M］. 北京：宗教文化出版社.

任继愈, 1985. 老子新译［M］. 上海：上海古籍出版社.

商务印书馆编辑部, 1988. 辞源［M］. 北京：商务印书馆.

宋常星, 1994. 太上道德经讲义［M］//藏外道书：第一册. 成都：巴蜀书社.

苏舆, 1992. 春秋繁露义证［M］. 北京：中华书局.

唐少莲, 2011. 道家"道治"思想研究［M］. 北京：中国社会科学出版社.

唐玄宗, 1988. 唐玄宗御制道德真经疏［M］//道藏：第 11 册. 北京：文物出版社.

王卡, 1993. 老子道德经河上公章句［M］. 北京：中华书局.

王利器, 1992. 盐铁论校注［M］. 北京：中华书局.

徐复, 等, 2000. 古汉语大词典［M］. 上海：上海辞书出版社.

许春华, 2013. 天人合道——老子哲学研究［M］. 北京：人民出版社.

许慎, 1963. 说文解字［M］. 北京：中华书局.

许秀娜, 刘鹿鸣, 2015.《唐玄宗御注道德真经》"身国同治"的生命政治学［J］. 河北论

坛（6）：188－191.

尹振环，2008. 帝王文化与《老子》——唐玄宗变《老子》南面术为人生哲学［J］. 中州
学刊（1）：172－176.

詹石窗，谢清果，2009. 中国道家之精神［M］. 上海：复旦大学出版社.

张成权，2004. 道家与中国哲学：隋唐五代卷［M］. 北京：人民出版社.

赵卫东，2004. 当代新道家的理论定位［J］. 杭州师范学院学报（社会科学版）（6）：
21－25.

周德全，2010. 唐玄宗、宋徽宗、明太祖与清世祖御注《道德经》及其"政道"观研究
［J］. 四川大学学报（哲学社会科学版）（1）：62－67.

朱俊红，2012.《道德经》四帝注［M］. 海口：海南出版社.

朱鹏程，2008. 唐玄宗《道德真经》注疏对《老子》中若干问题的阐释［J］. 黑龙江科技
信息（26）：148.

朱熹，1983. 四书章句集注［M］. 北京：中华书局.

朱熹，1980. 诗集传［M］. 上海：上海古籍出版社.

参考文献

后记

　　今人常怀念汉唐，海外华人街区常叫唐人街，但是绝大多数国人并不知晓，开创"开元盛世"的唐玄宗李隆基，不但在治国理政方面卓有建树，在政治哲学和思想理论方面也颇有见地。唐玄宗亲为儒家《孝经》、道家《道德经》、佛家《金刚经》三经作注且多有发挥之处，对此，一般的中国哲学史和中国历史的教材鲜有提及。因此，我们决定写作此书，希望为广大读者了解唐玄宗道家思想和政治哲学提供参考，以献给一切对传统文化怀有温情与敬意的人们。

　　拙著即将付梓之际，每每想到太多需要感激并铭记于心之人，便觉毅然前行的无穷力量。感谢业师李大华教授几年来的谆谆教诲，先生集儒家之儒雅、道家之人格独立与超脱飘逸于一身，是吾辈终身学习之楷模。感谢刘学智教授、林乐昌教授、丁为祥教授多年来在学业上的指引、关怀和鼓励。感谢家人们的支持与鼓励，得益于如此宽松、安心的家庭氛围，我们才得以顺利完成本书的写作。感谢西安交通大学博士生导师柳江华教授对本书的指导与建议。特别感谢四川大学出版社余芳老师和本书责任编辑张宇琛老师对学林新人的知遇之情以及编校上的辛勤付出，这于我们而言是莫大的鼓励与支持，也使我们更增在学术田地里坚定耕耘的勇气与力量……在写作的过程中，我们时常切磋交流，相互请教、探讨、辩难，加深了彼此间的友谊，也充分感受到了思想碰撞之乐趣，实乃快事一桩！全书写作分工如下：《道经》部分：柴洪源、沈玉娇；《德经》部分：柳东华；统稿：柳东华；校对：柴洪源、沈玉娇。

　　由于作者水平有限，书中疏漏与不当之处在所难免，恳请广大读者批评指正。

柳东华

辛丑秀秋谨识于重庆酬勤斋